일타스님의 초발심자경문 강의 ①

초 심

시작하는 마음

효림

초발심자경문 강의 ①
초 심

초 판 1쇄 펴낸날 1993년 8월 15일 (시작하는 마음 29쇄 발행)
개정판 1쇄 펴낸날 2018년 7월 16일 (전체 내용 개정)
         3쇄 펴낸날 2021년 1월   4일

지은이 일타스님
엮은이 김현준
펴낸이 김연지
펴낸곳 효림출판사

등록일 1992년 1월 13일 (제2-1305호)
주 소 서울시 서초구 반포대로14길 30, 907호 (서초동, 센츄리Ⅰ)
전 화 02-582-6612, 587-6612
팩 스 02-586-9078
이메일 hyorim@nate.com

값 9,000원

ⓒ 효림출판사 2018
ISBN 979-11-87508-18-2   03220

잘못 만들어진 책은 바꿔 드립니다.
이 책은 저작권법에 따라 보호를 받는 저작물이므로 무단전재와 무단복제를 금지합니다.

序

　보조국사普照國師 지눌知訥 스님의 『계초심학인문誡初心學人文』을 불교 집안에서는 단 두 글자로 줄여서 '초심初心'이라 부른다. 그럼 초심이 무엇인가?
　초심! 그것은 시작하는 마음이요, 첫 마음이며, 시작의 첫 마음이기에 너무나 순수하다.
　사람들은 삶 속에서 이 시작하는 마음의 순수함을 쉽게 경험하게 된다. 학교에 입학했을 때나 직장에 첫 출근을 하였을 때, 그리고 첫사랑을 경험할 때 등등….
　무엇인가를 처음 시작할 때의 순수한 마음은 완전히 비어 있으며, 비어 있기 때문에 모든 것을 있는 그대로 받아들일 준비가 되어 있는 것이다. 하물며 세속의 티끌을 벗어나는 불도佛道를 처음 배움에 있어서랴.
　그렇다면 어떠한 편견도 고집도 없이 순수하게 비어 있는 이 초심의 그릇 속에다 불자는 무엇을 담을 것인가? 이것은 매우 중요한 문제이다. 불도를 닦아 부처를 이루겠다고 결심한 이의 첫 마음 그릇에는 무엇보다 먼저 부처를 이룰 수 있는 뚜렷한 지표를 심어 주어야만 한다.

　그래서 만든 것이 보조국사 지눌스님의 『계초심학인문』이다. 초심자들에게 뚜렷한 지표를 심어줌으로써 마침내 부처를 이룰 수 있도록 이끌어주는 첫 마음가짐에 대한 가르침이 『계초심학인문』인 것이다.

　이 책이 우리나라 모든 불교도의 최초 입문서 노릇을 한 것은 이미 8백년이 넘었다. 수행을 시작할 때의 첫 마음이 털끝만큼만 어긋나도 결과는 하늘과 땅만큼 멀어지기 때문에, 모든 불교 공부를 하기에 앞서 자상하고 간절한 말씀을 담은 이 『계초심학인문』을 익히게 하였다.

　이제 『계초심학인문』에 담긴 요긴한 뜻을 함께 공부하면서, 우리의 마음가짐을 시작하는 그때와 같이 새롭게 다듬어 보자. 그렇게 한다면 분명 이 글이 부처를 이루는 밑거름이 될 것이다.

　초발심시변증각初發心是便正覺. 일찍이 신라의 의상義湘스님은 '초발심 때가 바로 정각의 시간'이라 하지 않았던가? 만약 우리가 처음 시작할 때 올바로 정립한 초심을 한결같이 유지할 수 있다면, 어디에서나 어느 때에나 부처님의 깨달음을 접할 수 있으리라.

깨달음을 추구하는 이들이여, 항상 시작하는 사람이 되자. 모든 것을 비워 버린 순수한 초심자가 되자. 부디 '초심'을 마음 깊이 새겨서 진중히 진중히 정진하도록 하자.

천리길을 가고자 할진대
첫걸음이 가장 중요하듯이
일념으로 시작하는 마음이
등정각을 이루어내느니라

 欲行千里 욕행천리
 初步爲貴 초보위귀
 一念初心 일념초심
 成等正覺 성등정각

불기 2537년 춘삼월
東谷堂 日陀

개정판을 내면서

　불교 입문의 지침서인 『초발심자경문』은 보조국사의 「계초심학인문」, 원효대사의 「발심수행장」, 야운비구의 「자경문」을 함께 모아 부르는 제목이며, 이 중 불자들의 초심을 바로잡고 신심을 불러일으키는 글이 「계초심학인문」입니다.

　이 「계초심학인문」에 대해 일타스님께서 강의한 내용을 정리하여 1993년에 『시작하는 마음』이라는 제목으로 발간하였는데, 그 내용이 너무 상세하고 또한 보충할 부분이 없지 않아, 스님께서 설하신 육성테이프를 다시 듣고 글을 다듬어, 월간 「법공양」에 2017년 1월호부터 2018년 5월호까지 17회 동안 연재하였고, 그 글들을 모아 『초심』이라는 이름으로 개정판을 발간하였습니다.

　일타스님께서는 강설 전에 말씀하셨습니다.

　"시작하는 마음인 초심! 바로 이 속에 복된 삶과 성불의 비결이 있다. 부디 이 초심을 잘 유지하여 부처님의 자리를 향해 나아가고, 행복이 담뿍 담긴 자재로운 삶을 영위하기 바란다."

　스님의 말씀대로 이 책을 읽는 불자들이 『초심』의 세계 속으로 들어가 깊은 신심을 이루고 성불의 길을 걷게 되기를 두 손 모아 축원드립니다.

불기 2562년 부처님오신날
글을 엮은 김현준 拜

차 례

序·9

해제
- 찬술동기 및 내용개요·13
- 제목 속에 간직된 의미·16

I. 수행인의 근본자세

1. 초발심의 뿌리를 내리려면
- 초발심初發心·22
- 악한 벗과 착한 이·26
- 5계와 10계·31
- 지범개차持犯開遮·40

2. 성언에 의지하고 유화선순하라
- 금구성언金口聖言·45
- 출가出家·49
- 청정한 대중 속으로·52
- 유화선순柔和善順·56

3. 교단의 위계질서
- 위계질서의 기준은 구족계를 받은 순서·59
- 사미는 정식 승려가 아니다·64
- 깨친 이를 가장 윗자리에·66
- 칠중七衆의 위계질서·68

차 례

4. 화합법문
 · 시시비비를 떠나라 · 73
 · 도반을 업신여긴 과보 · 80

5. 재색의 화
 · 재물을 멀리하라 · 82
 · 색을 금한 까닭 · 86

II. 일상생활 속에서

1. 하지 말아야 할 바〔八不得〕
 · 일없이 기웃거리지 말라 · 93
 · 빨래와 세수 · 97
 · 넘치지 말라 · 99

2. 마땅히 해야 할 일
 · 병든 이를 간호하라 · 106
 · 손님과 어른 대하기 · 109
 · 검약한 도구 · 112

3. 식사예법
 · 위의를 갖춘 바루공양 · 116
 · 공양을 할 때 주의할 점 · 118
 · 불위도용 不違道用 · 122

차 례

Ⅲ. 예불과 참회

1. 예불하는 법
- 부지런히 예불하라 · 126
- 마음을 모아 예불하라 · 128
- 다른 경계에 끄달리지 말라 · 131

2. 참회懺悔하라
- 죄장罪障 · 139
- 이참理懺 · 143
- 사참事懺 · 148

3. 기도 가피 얻는 법
- 진성연기眞性緣起 · 153
- 정성따라 감응한다 · 158

Ⅳ. 안과 밖을 한결같이

1. 대중방 생활
- 양보하고 삼가라 · 165
- 불사를 찬탄하라 · 172

2. 외출 시의 규범
- 도정을 잃지 말라 · 178
- 출행 시 주의할 점 · 180

차 례

3. 선방에 있을 때
· 오개장五蓋障 · 185
· 용맹정진 · 190

 V. 법문 듣는 법

1. 지혜롭게 배워라
· 퇴굴심과 용이심 · 195
· 마음을 비우고 법문을 들어라 · 200
· 지혜롭게 배워라 · 206

2. 법문을 나의 것으로
· 법사를 업신여기지 말라 · 209
· 얇은 얼음 밟듯이 · 215

 VI. 간절히 힘쓸지어다

1. 윤회를 벗어나고자 하거든
· 삼독심을 다스려라 · 225
· 잡담 아닌 법담을 하라 · 230
· 초심을 굳게 지켜라 · 232

2. 인간과 천상의 큰 복밭
· 항상 시작하는 마음 · 238
· 정혜원명定慧圓明 · 241

부록 : 독송용 계초심학인문 · 253

해 제

· 찬술동기 및 내용개요

『계초심학인문誡初心學人文』은 고려 중기의 고승이신 보조국사普照國師 지눌知訥(1158~1210)스님이 처음 불문佛門에 들어온 사람들에게 올바른 수행의 길을 제시하기 위해 저술한 책입니다.

물론 불경 중에는 불자佛子들이 지켜야 할 규범과 수행방법을 밝혀 놓은 책이 너무나 많습니다. 그런데도 지눌스님께서 이 책을 찬술한 까닭은 당시의 불교계 상황과 직결되어 있습니다.

건국 초기부터 불교를 국교國敎로 삼아 보호했던 고려의 불교계는 국가의 지나친 비호 아래 사치와 안일, 명리名利와 명분名分에 빠져 승려로서의 본분을 잊은 채 생활하는 폐단이 만연되어 있었습니다. 일부 승려는 수행보다 명예를 구하는 데 몰두하였고, 어떤 승려는 귀족들과 자리를 함께 하면서 승려의 신분을 출세의 도구로 이용하기까지 하였습니다.

이와 같은 현실에 직면한 지눌스님은 '수행승의 본분을 일깨워서 불교계를 정화하되, 그 정화의 방법은 반드시 부처님의 정법正法에 의거해야 한다'는 뜻을 세웠습니다. 스님은 먼저 수선사修禪社(지금의 순천 송광사)에 머물러 있던 3백여 대중만이라도 정법에 입각하여 수도인답게 생활할 수 있게 하고자 이 책을 짓기 시작했습니다.

스님은 불교의 방대한 율문律文의 내용 중 핵심이 되는 부분만을 추려서 우리나라 사원생활에 맞게 재구성한 뒤에, 1205년(희종 1)겨울의 수선사 낙성落成과 함께 청정수행승이 생활 속에서 지켜야 할 규범으로서 이『계초심학인문』을 선포한 것입니다.

현재 일부에서는『계초심학인문』을 '송광청규松廣淸規'라고도 부르고 있는데, 그 까닭은 바로 송광사의 전신인 수선사에서의 올바른 수행을 위해 이 책이 만들어졌기 때문입니다.

『계초심학인문』은 모두 908자의 간단명료한 글로 이루어져 있으며, 우리나라에서 만들어진 청규淸規(수행인의 청정한 생활규범)로는 이것이 효시가 되고 있습니다.

전체의 내용은 크게 세 부분으로 나누어져 있습니다.

첫째는 처음 불교에 입문한 사람들을 위한 것으로, 그들이 올바른 깨달음의 세계로 나아가기 위해서는 어떻게 해야 하는가를 자세히 밝혀 놓았습니다. 전체에서 가장 비중을 많이 둔 이 부분에서는,

①초심자라면 마땅히 악한 벗을 멀리하고 착한 벗을 가까이해야 하며,

②5계와 10계를 받아서 지니되 잘 지키고 범하고 열고 닫을 줄을 알아야 한다는 것,

③초심자가 지켜야 할 마음가짐, 몸가짐, 말하는 법,

④어른을 섬기는 법, 예불하고 참회하는 법

⑤세수하는 법, 밥 먹는 법, 변소 가는 법에 이르기까지 승려생활에 필요한 사항들을 자상하게 가르쳐주고 있습니다.

둘째는 계戒를 받아 정식으로 승려가 된 이들이 대중 처소에 있을 때나 사찰 밖으로 나갔을 때 저지르기 쉬운 실수들을 일깨움과 동시에, 사원생활의 화합과 질서를 유지하는 데 필요한 몇 가지 사항을 경계하고 있습니다.

셋째는 수행하는 이들이 마땅히 지켜야 할 수행규범을 밝히고 있습니다. 참선수행을 잘하는 방법, 법문을 듣는 법, 수면·정진·발원發願 등 잘 지켜지지 않는 율법 몇 가지와 수행인이 경전이나 스승에 대해 어떠한 마음가짐을 가져야 하는가를 소상히 밝히고 있습니다.

부처님의 가르침에 의거하여 참다운 불자의 길을 자상하게 밝힌 이 책은 한동안 수선사를 중심으로 유통되다가, 200여 년이 지난 1397년(태조 6)에 이르러 상총尙聰 스님이 태조의 명을 받아 전국 모든 사찰의 청규淸規로 시행하게 됨

에 따라 불교 교과목敎科目의 필수과목으로 채택되었으며, 승려는 물론 일반 신도들까지 배워야 할 기본서가 된 것입니다.

· **제목 속에 간직된 의미**

책의 제목인 '계초심학인문誡初心學人文'은 모두 여섯 글자로 구성되어 있습니다. 먼저 글자 하나하나의 뜻을 새긴 다음 제목 속에 깃든 의미를 밝혀 보도록 합시다.

계誡는 '경계할 계'로, 말씀 '언言'과 '계戒'를 합해서 만든 상형문자입니다. 이 중 '戒'는 두 개의 말뚝을 단단히 박아 놓고〔ㅣㅣ〕그 위에 간짓대를 걸어서〔一〕울타리를 만들었으며, 다시 울타리 옆에서 창〔戈〕과을 들고 지키고 있는 모습을 형상화 시킨 글자입니다. 곧 울타리를 만들어 놓고 창을 쥐고 서서, "접근 금지! 이 선線을 넘어가지도 말고 넘어오지도 말라. 선을 잘 지켜라"는 뜻이 '戒' 속에 담겨 있습니다. 이 '戒' 앞에 '말씀 言'을 둔 '경계할 誡' 속에는 넘지 말아야 할 선을 잘 지키도록 말로써 깨우친다는 뜻이 간직되어 있습니다.

초初는 '옷 의衣' 변에 '칼 도刀'를 더한 글자로서, 처음 또는 시작을 나타냅니다. 옷을 만들 때 칼로써 첫 마름질을 어떻게 하느냐에 따라 옷의 모양이 결정됩니다. 곧 칼을 어떻게 대느냐에 따라 속옷과 겉옷, 바지와 저고리 등이 결정되듯이, 처음 마음을 내어 불법을 공부하는 이가 첫 마름질을 어떻게 하느냐에 따라서 결과가 판이하게 달라진다는 것을 이 글자는 암시해주고 있습니다.

심心은 마음의 소중함을 상징적으로 나타낸 글자입니다. '心'은 한복판의 점인 심장心臟을 좌우의 두 점인 폐장肺臟(허파)과 아래의 반달 모양인 비장脾臟(지라)이 둘러싸고 있는 모습을 취한 것입니다. 다른 신체 기관이라면 조금 손상을 입더라도 목숨에는 지장이 없지만, 심장은 약간 손상을 입거나 잠시라도 멈추면 목숨이 끊어지고 맙니다. 이와 같이 인체 중에서 가장 예민하고 항상 움직이는 심장에 마음을 비유함으로써 생동의 주체가 되는 마음의 소중함을 일깨워주고 있습니다.

학學은 배움을 나타내기 위해 여러 글자를 모아서 만든 회의문자會意文字입니다. '배울 學'의 가운데 부분에 있는 민갓머리(冖)는 위에서부터 아래쪽으로 덮어씌운 모습을 취한 것으로, '어리석다·몽매하다'는 뜻을 지니고 있으며, 그 밑에 '아들 子'를 써서 '어리석고 몽매한 자식을 가르친다'는 것을 나타내고 있습니다. 또한 글자의 윗부분에 놓인 절구 구臼자는 두 손으로 받들어 쥐는 모습을 형상화 시킨 글자로서, '삼가한다', '잘 받아들인다'는 뜻을 지니고 있습니다. 따라서 '배울 學'은 '가르침을 잘 받아들여서 무지함을 열고 깨달음을 얻는다'로 풀이할 수 있습니다.

인人은 사람을 가리킵니다. '사람은 생각하는 갈대'라는 말이 있듯이, 갈대가 서로 기대고 서 있는 것처럼 두 사람이 머리를 맞대고 있는 모습을 취한 글자가 '人'입니다. 곧 갈대가 혼자 있으면 쓰러지고 말듯이, 사람 역시 혼자서는 독립할 수 없는 상호의존적인 존재임을 나타내주고 있습니다.

문文은 위쪽에 뚜껑(亠)을 덮은 다음 그 밑에 '다스릴 예 乂'를 둔 글자로, 일정한 틀 속에서 스스로를 다스리는 학문을 고르게 배운다는 뜻을 지니고 있습니다.

흔히 『계초심학인문誡初心學人文』은 '초심학인을 경계하는 글'이라고 많이들 번역하고 있지만, 여섯 글자의 뜻을 종합하여 보면 다음과 같은 뜻이 간직되어 있습니다.

"처음 불문에 들어와서 부처님의 법을 배울 마음을 낸 사람에게, 마름질하는 방법을 올바로 가르쳐서 선을 잘 지키며 수행할 수 있도록 하고, 가장 소중한 마음가짐을 일깨워주는 글"

성불을 위한 첫 마름질을 잘하기 위해서는 올바른 배움이 필요합니다. 시작의 이때에 올바로 배우지 못하면, 불도를 이루기 위한 긴 여정 속에 나타나는 여러 가지 어려움을 도저히 극복할 수 없습니다.

지눌스님은 '이 책에서 밝힌 선만 잘 지키며 나아가면 반드시 부처를 이룰 수 있다'는 확신 속에서 『계초심학인문』을 저술하셨습니다. 부디 시작의 순수한 마음에다, 지눌스님이 이 책에서 밝힌 말씀을 성실히 받아들여서, 부처를 이루는 크나큰 일에 조그마한 어긋남도 없게 되기를 간절히 당부드립니다.
　이 글을 지은 보조국사 지눌스님의 생애는, 불자들이 잘 알고 있고 여러 고승집에 널리 실려 있으므로 생략하고, 본문 해설로 바로 넘어가겠습니다.

I 수행인의 근본자세

1. 초발심의 뿌리를 내리려면

무릇 처음 발심한 사람은 반드시 악한 벗을 멀리하고 어질고 착한 이를 가까이 해야 하며, 5계와 10계 등을 받아서 잘 지키고 범하고 열고 닫을 줄 알아야 하느니라.

夫初心之人은 須遠離惡友하고 親近賢善하며 受五戒十戒等하야 善知持犯開遮니라.

초발심初發心

부초심지인夫初心之人의 '지아비 夫'는 '무릇, 대저' 등으로 번역되는 글자로, 글을 시작할 때 흔히 사용합니다. 그리고 '초심初心'은 '최초의 발심'을 뜻하는 초발심初發心의 줄인 말입니다.

그렇다면 발심發心이 무엇인가? 불교의 발심은 발무상보리심發無上菩提心의 줄인 말입니다. 부처님께서 증득하셨던 가장 높고 거룩한 깨달음〔無上菩提〕을 이루고야 말겠다는 결심을 확고히 하는 것이 발심입니다. 결국 지눌스님께서 말씀하신 '초심지인初心之人'은 이와 같은 마음을 처음 일으킨 초발심자 또는 초발심보살을 지칭하는 단어입니다.

그렇다면 어떻게 할 때 초발심·발보리심發菩提心·발무상보리심發無常菩提心이 이루어지는 것인가? 무엇보다 먼저 우리의 삶이 어떠한가를 정확히 직시할 줄 알아야 합니다.

어느 누구든 한평생을 살다 보면 자신도 모르는 사이에 좋지 않은 업을 많이 짓게 됩니다. 그런데 왜 좋지 않은 업들을 많이 짓는 것일까요?

우리가 짓는 나쁜 업은 자기애自己愛에서 비롯됩니다. 나를 너무 사랑하기 때문에 나에게 맞으면 탐심을 내고, 나에게 맞지 않으면 분노를 일으키며, 나에 대한 집착 때문에 있는 그대로를 보지 못하여 어리석음 속으로 빠져들고 마는 것입니다. 그리하여 수만 가지 번뇌와 나쁜 말, 심지어는 살인·도둑질 등의 나쁜 행동까지 거침없이 저지르게 됩니다.

결국 갖가지 번뇌에 휘말려서 '내 마음대로 되지 않는 인생'이라며 짜증을 내면서 살게 되는 까닭도 따지고 보면 나에 대한 사랑에서 비롯된 것입니다.

그렇다고 하여 번뇌를 좋아하고 괴로움 속에서 살기를 바라는 인간은 없습니다. 번뇌가 싫고 괴로움이 싫지만, 그것을 벗어 버리지 못하고 살아가는 존재가 인간입니다.

대부분의 중생은 스스로가 지은 업을 따라나서는 늙고,

늙어서는 병들고, 필경에는 한량없는 고통을 받다가 죽기를 거듭하는 무상無常의 삶을 반복하고 있습니다. 마치 꿈속에서 한없는 고통을 받으면서도 깨어날 줄을 모르는 존재가 중생입니다.

곰곰이 생각하면 인생은 꿈과 같고 무상하기 그지없습니다.

  인생을 헤아리니 한바탕 꿈이로다
  좋은 일 궂은 일이 한바탕 꿈이로다
  꿈속에서 꿈을 헤니 이 아니 가소로운가
  어즈버 인생 일장춘몽을 언제 깨려 하느뇨

과연 우리는 이 옛시조처럼 인생을 한바탕의 꿈으로 생각하며 살고 있습니까? 만일 그렇다면 진정한 발심도 어려울 것이 없지만, 아마 대부분의 사람들은 그렇지 않을 것입니다. 오히려 그 반대일 것입니다. 뿐만이 아니라 옛 고사故事 속의 주인공 노생盧生처럼 마음 가득히 부귀영화를 그리고 있을 것입니다.

❀

옛날 중국의 당나라에 노생이라는 사람이 있었습니다. 그는 거부장자巨富長者 되기가 원이요, 입신양명立身揚名 하기가 원이요, 좋은 처를 만나 아들 딸을 낳고 영화롭게 살기가 원이었습니다.

어느 날 그는 한단邯鄲 지방으로 가다가, 신선도를 닦는 여옹呂翁을 만나 자기의 소원을 털어 놓았습니다. 묵묵히 듣고 있던 그 할아버지는 바랑 속에서 목침木枕 하나를 꺼내 주면서 쉬기를 권했습니다.

"고단할 텐데 이 목침을 베고 잠깐 눈을 붙이게."

목침을 베고 누운 노생은 금방 잠이 들었는데, 그 순간부터 그의 인생은 새롭게 전개되었습니다. 그는 소원과 같이 입신양명하고 천하절색의 아가씨를 아내로 맞이하였으며, 아들딸 낳고 부귀영화를 누리면서 참으로 행복하게 살았던 것입니다.

그렇게 80년 한평생을 살았는데, '밥 먹어라' 하는 소리에 눈을 번쩍 떠 보니 모두가 한바탕의 꿈이었습니다. 결국 잠깐 밥 짓는 사이에 80년 동안의 영화로운 꿈을 꾼 것입니다.

§

인생이 꿈인 줄 알면 삶이 바뀌고 참다운 발심이 이루어집니다.

마침내는 '빈 손으로 왔다가 빈 손으로 가는〔空手來空手去〕' 인생이거늘, '나'에 대한 사랑과 헛된 욕심 때문에 끊임없이 허망한 꿈만을 꾸며 살아서야 되겠습니까? 좀 더 잘 살아 보겠다며 앞으로 앞으로만 나아가지 말고, 해가 서산으로 기울고 있다는 사실도 기억해야 합니다.

인생의 무상하고 허망함이 꿈과 조금도 다를 바 없음을

분명히 안다면 어찌 해탈을 구하지 않을 것이며, 가장 높고 거룩한 깨달음을 이루겠다는 무상발심無上發心을 일으키지 않겠습니까? 무상발심無常發心을 하게 되면 자연스럽게 부처를 이루겠다는 무상발심無上發心을 일으킬 수 있게 되는 것이니, 이것이 불교의 시작이요 이것이 곧 초발심初發心인 것입니다.

이 초발심은 출가한 승려만이 가져야 하는 마음가짐이 아닙니다. 재가인·출가인 가릴 것 없이, 불자라면 꼭 발해야 하는 마음입니다. 이제 부처님처럼 거룩한 깨달음을 이루겠다는 결심을 하고, 깨달음을 향하여 한 걸음씩 한 걸음씩 신중히 내디뎌야 하지 않겠습니까?

악한 벗과 착한 이

그럼 무상보리를 향해 내디뎌야 할 첫걸음은 무엇인가? 지눌스님께서는 "악한 벗을 멀리하며 어질고 착한 이를 가까이 하라〔遠離惡友 親近賢善〕"는 것을 첫걸음으로 삼도록 하셨습니다.

세상사 모두가 그러하지만, 처음 무상보리를 이루겠다고 결심한 사람에게 있어서는 환경이 무엇보다 중요합니다. 향 피운 방에 들어가면 향내가 몸에 스며들고, 변소에 들어가면 구린내가 몸에 스며들게 마련입니다. 한때 매스컴의 화젯거리가 된 전라도 여천의 쌍태마을 이야기도 이와 맥락을 함께하고 있습니다.

쌍태마을의 정면에는 쌍태봉雙胎峯이 우뚝 솟아 있습니다. 모양이 꼭 닮은 두 개의 봉우리가 나란히 서 있는 것입니다. 그런데 어릴 때부터 살던 사람뿐 아니라 객지 사람도 이 마을로 시집을 와서 자식을 낳으면 반 이상이 쌍둥이를 낳게 된다고 하며, 전체 7~80여 호 되는 동네에 36쌍의 쌍둥이가 있다고 합니다.

이렇듯 주위 환경이나 분위기는 사람을 그 속으로 젖어들게 하는 무서운 힘이 있습니다. 곧 중생의 모든 업은 그를 둘러싸고 있는 환경[緣]에 의해 크게 좌우되고 있는 것입니다. 하물며 세속을 초월하는 대도大道를 이루고자 함에 있어서야 더 할 말이 무엇이겠습니까?

그런데 환경 중에서 가장 중요한 것은 사람입니다. 하여 지눌스님께서는 "나쁜 벗을 멀리하고 어질고 착한 이를 가까이하라"는 것을 제일성第一聲으로 터트린 것입니다.

그렇다면 어떤 이를 나쁜 벗이라 하고, 어떤 이를 좋은 벗이라고 하는가? 『아함경阿含經』에서 부처님은 다음과 같이 말씀하셨습니다.

"어질고 착한 이는 어떤 사람인가?
첫째는 남의 그릇됨[非]을 멈추게 하는 이요

둘째는 자비심이 있는 이요

셋째는 남에게 해를 끼치지 않는 이요

넷째는 이익되는 일과 행동을 하는 사람이니라.

어떤 이를 악한 벗이라고 하는가?

첫째는 두려움을 주어 상대방을 억누르는 이요

둘째는 남이 고난에 처했을 때 모른 척하는 이요

셋째는 폭력을 자주 사용하는 이요

넷째는 술·도박·음행 등 나쁜 짓을 함께 하는 사람이니라."

부처님께서는 이렇게, 네 부류의 착한 이와 나쁜 벗을 일러주신 다음, 착한 이는 가까이하고 나쁜 벗은 항상 멀리해야 함을 강조하셨습니다.

여기서 한 걸음 더 나아가 '**멀리 떠나라**〔遠離〕'는 단어를 새겨 보아야 합니다. 이 단어 속에 불교의 참정신이 담겨 있기 때문입니다.

곧 '원리遠離'는 출가의 근본정신입니다. 출가한 사람은 세속의 모든 것을 떠나야 합니다. 세속의 명예나 행복은 말할 것도 없고 혈육의 정마저 멀리 떠나야 한다는 것입니다.

"멀리 떠나라."

모름지기 불자라면 바깥의 부질없는 잘못들을 멀리 떠나야 하고, 안으로는 내부에서 일어나는 번뇌망상으로부터 멀리 떠나야 합니다.

어찌 이들을 멀리 떠나기가 쉽겠습니까? 하지만 도에 장애가 되는 것이니 멀리 떠나고자 해야 합니다.

결코 도는 어렵기만 한 것이 아닙니다. 위없는 도는 우리들 한마음을 바르게 다스리는 데 있습니다.

이제 불자들에게 널리 알려져 있는 도림선사와 백낙천白樂天의 이야기를 통하여 "악한 벗을 멀리하고 어질고 착한 이를 가까이하라"는 가르침을 다시 한 번 정리해 봅시다.

❀

중국의 조과도림鳥窠道林 선사는 날씨가 맑은 날이면 높은 나무 꼭대기에 앉아 참선을 하였습니다. 항주의 자사로 부임한 백낙천이 스님의 명성을 듣고 찾아갔다가, 스님께서 나무 꼭대기에 앉아 계신 것을 보고 소리쳤습니다.

"앗, 위험하다. 위험해."

그러자 도림선사가 맞고함을 쳤습니다.

"앗, 위험하다. 위험해."

"저야 두 다리로 땅을 버티고 서 있는데 위험할 리가 있습니까?"

"한 생각 일어나고 한 생각 꺼지는 것이 생사生死이며, 한 숨 내쉬고 한 숨 들이쉬는 것이 생사이다. 생사의 호흡지간에 사는 사람이 어찌 위험하지 않을꼬?"

스님의 도력道力에 놀란 백낙천은 공손히 절을 올리고 여쭈었습니다.

"어떤 것이 도입니까?"

"모든 악을 짓지 말고 착한 일을 받들어 행하라〔諸惡莫作
衆善奉行〕."

"그것이라면 세 살 먹은 아이라도 다 아는 것 아닙니까?"

"세 살 먹은 아이도 아는 것이지만 팔십 노인도 행하기는 어렵다네."

§

나무 위의 도림선사 말씀처럼, 발바닥이 땅에 붙어 있다 하여 안전한 것이 아닙니다. 자기애에 빠진 마음이 바깥을 향해 나아가면서 탐욕과 분노와 어리석음 등에 빠지게 되면 어느 누구라도 위험하지 않을 수 없게 됩니다.

정녕 '악한 벗을 멀리하라'는 것은 '모든 악을 짓지 말라〔諸惡莫作〕'는 것이요, '어질고 착한 이를 가까이하라'는 것은 '모든 선을 받들어 행하라〔衆善奉行〕'는 것이니, 악우惡友가 어찌 외부의 나쁜 사람만을 말하는 것이겠습니까?

부디 나의 마음을 흔들지 마십시오. 마음이 동요하면 악이 쑥대밭처럼 일어나고, 마음에 흔들림이 없으면 모든 선행을 이루어 낼 수가 있습니다. 부처님께서 항복 받으신 8만4천 마구니도 결국은 내 마음속에 있는 번뇌망상이라는 것을 명심하면서, 선을 쌓아가는 중선봉행과, 행복과 수행을 가로막는 제악막작의 악우를 제거하는 일에 게을리하지 말아야 합니다.

5계와 10계

이어 지눌스님께서는 처음 발심한 사람이 가장 먼저 지켜야 할 것으로 "악한 벗을 멀리하고 착한 이를 가까이해야 한다"고 설한 다음, "5계·10계 등을 받아야 한다〔愛五戒十戒等〕"고 하셨습니다. 왜 계를 받는 것을 이토록 중요시한 것일까요?

계를 받고 계를 지키는 것은 불자의 표상입니다. 곧 계를 받아 잘 지킴으로써 부처님의 가문에 들어설 수 있게 되고 참된 부처님의 아들이 되는 것입니다. 그러므로 재가불자는 반드시 5계를 받아야 하고, 처음 출가한 사람은 사미 10계를, 보살불자는 10중重 48경계輕戒로 이루어진 보살계를, 비구나 비구니는 구족계具足戒를 받아서 지켜야 합니다.

그럼 계율 속에 간직되어 있는 참뜻은 무엇인가?

계戒를 한마디로 풀이하면 '조심한다'는 말이 됩니다. 무엇을 조심하라는 것인가?

첫째는 이 몸의 손 하나 들고 발 한 걸음 내딛는 것이 죄를 짓는 일 아니면 복을 짓는 일이기 때문에 몸조심을 하여야 한다는 것입니다.

둘째는 입으로 내뱉는 한마디의 말이 복을 짓는 말 아니면 죄를 짓는 말이니 말을 조심하여야 한다는 것입니다.

셋째는 생각을 조심해야 합니다. 한 생각 머금는 마음이 복을 짓는 생각이 아니면 죄를 짓는 생각이요, 한 생각 머금는 마음에 따라 나를 둘러싸고 있는 모든 세계가 바뀌게 되기 때문에 생각을 항상 조심하여야 한다는 것입니다.

 이렇게 몸과 말과 생각, 곧 신身·구口·의意 삼업三業을 조심하는 것이 바로 계입니다.

 이 계율은 불자들로 하여금 여법如法한 생활을 하게 하고, 수도하고 교화하는 일에서부터 성불에 이르기까지 근본지침이 되고 길잡이 노릇을 하는 것이기 때문에 모름지기 잘 지켜야 하며, 특히 5계와 10계는 늘 지키고자 애를 써야 합니다.

> 살생하지 말아라〔不殺生〕
> 도둑질하지 말아라〔不偸盜〕
> 사음·간음하지 말아라〔不邪淫〕
> 망언하지 말아라〔不妄語〕
> 술을 먹지 말아라〔不飮酒〕

 이상의 다섯 가지가 불자의 기본 계율인 5계입니다. 이 5계는 대부분의 불자들이 잘 알고 있고, 나의 저서『오계 이야기』에서 자세히 설명하였으므로 간략히만 언급하겠습니다.

 이들 계의 앞에 붙어 있는 '不'은 "~을 하지 않고 ~이 되겠습니다." 하는 뜻이 담겨져 있습니다.

 불살생계는 "남을 상하게 하는 사람은 필경 스스로도 상처를 받기 마련이니, 남의 정신과 육체를 상해하지 않겠습니다. 오로지 자비심으로 모든 중생을 돕는 사람이 되겠습니다" 하는 것이요,

불투도계는 "주지 않는 것을 가지지 아니하고, 항상 복을 지어 모든 중생에게 기쁨과 즐거움을 주는 사람이 되겠습니다" 하는 것이요,

불사음계는 "불성실한 행동을 하지 않겠습니다. 겉으로 사음과 간음을 하지 않을 뿐 아니라 항상 마음을 맑고 깨끗하게 지니겠습니다" 하는 것이요,

불망어계는 "거짓말, 꾸밈 말, 이간질하는 말, 욕설 등으로 남의 마음을 상하게 하지 않고 진실을 말하겠습니다" 하는 것이며,

불음주계는 "술을 먹고 취하여 정신을 못 차리는 행위는 불자의 기본자세가 아니기 때문에 취하도록 마시지 않겠습니다" 하는 것입니다.

이상의 기본 5계는 모든 불자들이 반드시 지켜야 합니다. 불자라면 술을 먹고 정신을 못 차리거나, 거짓말을 밥 먹듯이 하거나, 사음·간음을 하고 바람을 피우며 다니거나, 남의 물건 등을 훔치거나, 자비심없이 살생을 하거나 남의 속을 상하게 하는 일을 함부로 저질러서는 안 됩니다.

이와 같은 5계를 지키지 못하면 인생을 바로 살 수가 없고, 복과 지혜가 생겨나지 않으며, 해탈 또한 영원히 얻을

수 없게 되고 맙니다.

한 걸음 더 나아가 불살생·불투도·불사음·불망어·불음주의 5계 뒤에는 자비慈悲·복덕福德·청정淸淨·진실眞實·지혜智慧라는 적극적인 의미가 숨겨져 있습니다.

중생을 죽이지 않는 것으로 만족할 것이 아니라 자비심으로 뭇 생명 있는 이를 구원하고, 도둑질을 하지 않음은 물론 남에게 두루 베풀어 복덕을 키워 나가야 하며, 사음을 하지 않음은 물론 청정을 이루어 모든 중생이 그 속에 들어와 맑게 깨어날 수 있도록 해야 합니다. 그리고 거짓말이나 헛된 말을 떠나 진실을 이루고, 술을 먹지 않는다는 차원을 벗어나서 지혜를 더욱 발현시켜야 한다는 것입니다. 이것이 근본 5계 속에 깃들어 있는 참정신이라는 것을 꼭 기억하시기 바랍니다.

이 5계가 모든 불자들이 지켜야 하는 근본계율인데 대해, 10계는 출가 승려 중 비구의 견습생인 사미와 비구니의 견습생인 사미니가 지키도록 되어 있는 계율입니다.

이 10계는 앞의 5계 중 제3 사음하지 말라〔不邪淫〕는 계를 '음행하지 말라〔不淫〕'로 바꾸고, 다시 다섯 가지 계를 더하여 10계를 만든 것입니다. 따라서 뒤의 다섯가지는 출가 승려들만이 지키는 특이한 계입니다. 이들을 나열해 봅시다.

⑥ 꽃다발을 쓰거나 향을 바르지 말라〔不香鬘塗彩〕
⑦ 노래하고 춤추거나 풍류를 즐기지 말라〔不歌舞作樂〕
⑧ 높고 넓은 큰 평상에 앉지 말라〔不坐高大床〕
⑨ 때가 아닌 때에는 먹지 말라〔不非時食〕
⑩ 금·은 등을 모으지 말라〔不受蓄金銀〕

이들 계율에 담겨져 있는 뜻을 간략히 살펴봅시다.

제6계 꽃다발을 쓰거나 향을 바르지 말라

이 계는 화장을 하지 말라는 뜻입니다. 곧 화려하게 화장을 하고 금이나 보석, 화려한 옷으로 자신을 가꾸는 경우가 이에 속합니다. 따지고 보면 이것은 이성異性의 시선을 끌고, 남보다 잘생겼으면 하는 바람에서 기인된 장식입니다.

만약 남에게 잘 보이려고 하는 생각을 가지고 몸과 얼굴을 단장한다면 이는 출가 승려의 마음이라 할 수 없습니다. 항상 검소하고 청빈한 생활을 기본으로 삼아, 참된 수행의 빛으로 온몸을 장식해야 하는 것이 출가인의 참된 몸치장이 아니겠습니까? 부처님을 닮고 부처를 이루려는 출가 승려라면 마땅히 마음을 밝히는 깨침의 빛으로 자신과 이 세계를 단장해야 합니다.

제7계 노래하고 춤추거나 풍류를 즐기지 말라

노래하고 춤추고 악기를 다루며 즐거움을 연출하려고 하

면 자연히 꾸밈이 많아지게 되고, 그러다 보면 앞의 근본 5계를 범할 가능성이 많아지게 됩니다. 그러므로 노래하고 춤추고 풍류를 즐기는 것을 금한 것입니다.

하지만 자기 자신을 위한 것이 아니라, 불사佛事나 법회 때 부처님을 찬탄하고 법을 찬양하기 위해 가무작악歌舞作樂을 하는 경우는 계를 범하는 것이 아닙니다.

출가 수행자는 마땅히 '출가'의 본뜻을 되살려서 생활해야 합니다. 부디 노래나 춤 등의 세속적인 유희에 빠지지 말고 부처님의 정법에 의지하여 도심道心을 키워 갈 것을 당부드립니다.

제8계 높고 넓은 평상에 앉지 말라

부처님께서는 평상을 만들더라도 부처님 손으로 여덟 손바닥을 넘지 말고, 색칠을 하거나 무늬를 새기지 말며, 명주나 비단으로 만든 휘장이나 이부자리는 사용하지 못하도록 하였습니다. 왜 이와 같은 계율을 제정한 것일까요?

옛말에도 "춥고 배고픈 데서 도심이 생기고 배부르고 등 따뜻하면 음심이 생긴다〔飢寒發道心 飽暖生淫心〕" 하였습니다. 곧 출가한 사람이 지나치게 화려한 비단 이불을 덮고 자면 '이불離佛'이 되고 말기 때문입니다. 부드러운 이불을 끼고 자면 나태심이 생기고 높은 자리에 앉다 보면 교만심이 자라고, 결국에는 부처님이 떠나가 버린다는 것입니다.

이와 같은 정신을 잘 새겨서 자신이 앉을 자리를 어떻게 만들어야 할지를 잘 판단하시기 바랍니다.

제9계 때 아닌 때 먹지 말라

이 계율에서의 '때 아닌 때非時'는 아침·점심·저녁 삼시 세 끼를 먹는 시간 밖의 다른 때가 아니라 오후 전체를 가리킵니다. 부처님이나 당시의 스님네는 오정(午正 : 낮12시)이 지나면 밥 먹는 때가 아니라고 하였습니다. 그러므로 오시가 넘으면 먹지 않는 것, 이를 오후불식午後不食이라 하며, 지금도 태국·버마 등의 남방불교권에서는 스님들이 이 계율을 잘 지키고 있습니다.

부처님께서는 아침에 죽 먹는 것을 일찍부터 허락하셨고, 점심 식사 후에는 먹지 말라고 하셨습니다. 그러다가 불교가 중국으로 전해지면서 아침에는 죽〔朝粥〕, 낮에는 정성껏 마련한 재 음식〔午齋〕, 저녁에는 약석藥石을 먹게 되었습니다.

저녁 끼니를 약석이라 한 데는 까닭이 있습니다. 일반적으로 배가 너무 고프면 통증이 뒤따릅니다. 이때 따뜻한 돌로 배를 살살 눌러주면 고픈 배가 진정되는데, 이 돌을 약석이라 합니다. 그러나 약석은 먹을 수 있는 음식물이 아닙니다. 다만 수행을 위해서 저녁밥을 먹되, 이 약석으로 배 아픈 고통을 면하게 하는 것과 같이 조금만 먹으라는 것입니다.

때 아닌 때 먹지 말라고 계율로까지 제정하신 까닭은 모든 탐욕심 가운데 가장 강한 것이 식욕食欲이기 때문에 탐욕의 마음을 잘 다스리려면 먹는 것에 대한 탐착부터 벗어 버려야 한다는 것을 깨우치기 위함입니다.

그 누가 배불리 먹기 위해 출가를 하고, 맛있는 음식을 얻기 위해 도를 닦겠습니까? 처음 출가할 때의 푸른 칼날 같은 그 마음을 되새기고 되새겨서 부지런히 정진한다면 이 식탐을 놓게 하는 계율은 저절로 지켜질 것입니다.

제10계 금·은 등을 모으지 말라

여기서의 금과 은은 돈이 되는 금과 은만을 말하는 것이 아니라, 다른 사람이 욕심을 낼 만한 물건이나 잃어버렸을 때 아까운 생각이 드는 물건까지를 아울러 칭하고 있습니다.

일찍이 부처님께서도 재색財色의 화禍는 독사보다도 더 심하다고 하셨고, 원효스님은 "출가하여 부자가 되는 것은 군자의 비웃음거리〔出家富 是君子所笑〕"라고 하였습니다.

곧 도와 돈은 정반대가 되는 것이므로 도 닦는 사람이 돈에 질질 끌려 다녀서는 절대로 안 됩니다. 도를 잘 닦고 있으면 돈이 분수대로 슬금슬금 따라붙어서 내가 하고 싶은 것 가운데 반 이상은 자연스럽게 할 수 있게 되니, 절대로 돈 욕심을 부리지 마십시오. 승려는 비록 고봉정상高峰頂上에 서 있을지라도 굶어 죽는 법이 없습니다. 만일 스스로가 수행자임을 자처한다면 돈에 대한 근심은 조금도 할 필요가 없습니다. 수행자의 본분만 지키고 있으면 다 넉넉히 생기게 마련입니다.

달마스님은 『사행론四行論』에서 "중은 무소구행無所求行을 해야 한다"고 하셨습니다. 구하는 바 없이 행하라! 사실 미리 구하는 것이 있으면 그만큼 괴롭습니다. 그러나 출가한 이는 신심만 갖고 살면 저절로 구해지게 마련입니다.

요즈음 승려들은 "그래도 돈이 좀 있어야지" 하면서 독살림 주지를 하려고 애를 쓰는데, 그렇게 삼보三寶의 재산을 개인의 재산으로 쓰는 것은 결국 감복減福하는 것 외엔 아무 것도 아니라는 사실을 깨달아야 합니다. 승려가 욕심을 버리지 못하여 금·은 보물을 추구하면 위신력을 잃어버리고 삿된 생활 속으로 빠져들게 되고 맙니다. 스스로 물질을 잘 단속하여, 돌고 도는 돈 때문에 불변의 도道를 잃어버리는 오류를 범하여서는 안 될 것입니다.

이로써 10계에 대한 간략한 설명은 끝났습니다. 우리 불자들은 이상의 근본 5계와 10계를 잘 받아 지녀서 참된 초심자의 생활을 영위해야 합니다. 그러나 계율은 단순히 지키는 것만으로 끝나는 것이 아닙니다. 계율의 참뜻을 올바로 발현시키려면 지키고 범하고 열고 닫는 묘妙를 적절히 구사할 줄 알아야 합니다. 그것이 지눌스님께서 말씀하신 지범개차持犯開遮입니다.

지범개차持犯開遮

지범개차의 '지持'는 보지계율保持戒律입니다. 어떠한 경우에 처하더라도 절대로 파계하지 않고 지키겠다는 것입니다. 수계식을 할 때 계사戒師는 물어 봅니다.

"살생하지 말라. 살생하지 않는 것이 계법이니 능히 지키겠느냐?"

"능지(能持, 잘 지키겠습니다)."

바로 이것이 지持입니다.

'범犯'은 곧 침범계율侵犯戒律입니다. 계를 제대로 지키지 못하여 깨뜨리는 것으로, 실수로 범하는 수도 있고 고의적으로 범하는 수도 있고 몰라서 범하는 수도 있습니다.

'개開'는 허락계율許諾戒律로서 계를 범하는 것을 허락한다는 것이고, '차遮'는 지지작범止持作犯의 뜻으로 계율을 범하는 것을 막아서 못하게 하는 것입니다.

이와 같이 하나하나의 계에 대해 지키고[持] 범하고[犯] 열고[開] 막아야[遮] 할 경우를 잘 알아서 적절히 실행할 줄 알아야 합니다. 망어계妄語戒를 예로 들어 보다 구체적으로 살펴봅시다.

망어계는 망어를 짓지 않는 것을 근본으로 하지만, 때에 따라 망어계를 열어서 거짓말을 할 수도 있고, 망어계를 닫아서 절대로 허튼소리를 하지 않기도 하는 것입니다. 조금 더 상세히 설명하겠습니다.

망어계라고 하면 흔히 망어 하나로 통용되지만, 그 속에는 소망어小妄語가 있고 대망어大妄語가 있고 여망어餘妄語가 있습니다. 소망어는 스스로의 이익 또는 습관성에 의해 아닌 것을 그렇다고 하거나 맞는 것을 아니라고 하는 소소한 거짓말을 가리키며, 대망어는 많은 사람의 공경을 받기 위해 '나는 부처의 후신이다', '나는 큰 신통력을 얻었다'고 하면서 성인을 자칭하거나 스스로의 능력에 대해 거짓말을 하는 것입니다. 따라서 이 대망어는 절대로 범하지 말아야 합니다.

요즈음의 신흥종교 교주들 중에는 자칭 구세주요 성인의 특사라고 하면서 대망어를 짓는 무리들을 종종 볼 수 있지만, 불교에서는 이와 같은 대망어를 짓게 되면 불자로서의 자격이 박탈됨과 동시에 불문佛門 밖으로 쫓겨나게 됩니다. 그러나 소망어를 지으면 참회로써 그 죄를 면할 수 있습니다.

그런데 여망어는 대망어도 소망어도 아닌 여유 있는 망어입니다. 방편으로 거짓말을 살짝 함으로써 더 좋은 일을 가져오게 하는 것이 여망어입니다. 포수에게 쫓겨 뛰어가는 사슴을 보았지만, 포수에게는 사슴이 간 반대쪽을 가리켜주는 거짓말이 바로 여망어입니다.

자비구제慈悲救濟, 남을 구하기 위하여 자비심으로 짓는 이 여망어를 하지 못하게 한다면 계율은 참으로 살아 있는 계율이 아닙니다. 따라서 이러한 경우에 망어계를 열어서〔開〕기꺼이 범할 줄 알아야 합니다.

대망어는 절대적으로 지키고〔持〕, 소망어는 범하였으면 참회하며, 자비구제를 위한 여망어는 기꺼이 범할 줄 아는 도리가 지범개차법인 것입니다.

이와 관련된 예를 하나 들어 봅시다.

❀

옛날 어느 마을에 가난한 선비가 살고 있었습니다. 그 선비는 거의 매일같이 마을 뒷산의 절에 올라가서 법문도 듣고 스님과 글도 짓고 이야기도 나누며 소일했습니다. 그러다가 공양 때가 되면 밥 한 술을 얻어먹고 집으로 돌아가곤 하였습니다.

요즈음 같으면 한 끼 식사를 대수롭지 않게 생각하지만, 그 당시에는 밥 한 그릇만 얻어도 신세를 많이 졌다고 생각하던 시절이었으므로 선비는 언제나 스님께 대해 감사하는 마음을 품고 있었습니다.

어느 날 장에 나갔던 선비는 마침 물건을 사러 온 스님을 만났습니다. 스님을 본 선비는 너무나 반가웠고, '스님이 내려오셨을 때 한 끼 식사라도 대접해야지' 하며 집으로 모시고 갔습니다. 그리고는 아내를 따로 불러 말했습니다.

"여보, 저 분이 내가 항상 폐를 끼쳤던 윗 절의 고마우신 스님이라오. 혹 대접할 것이 없겠소?"

"글쎄요? 밀이 한 주먹 정도 있을는지…."

"그것으로라도 어떻게 해 보구려."

비록 찢어지게 가난한 집안이었으나 부인은 정성을 다해 밀국수를 만들었습니다. 그리고 맛이 좋으라고 새우젓도 조금 넣고 파와 마늘도 다져 넣었습니다. 국수가 완성되자, 남편 그릇에는 국물을 많이 넣고 스님 그릇에는 국수를 많이 넣은 다음 상에 차려 들고 갔습니다.

그러나 스님은 파·마늘 냄새가 싫었습니다. 거기다가 한 숟가락을 떠서 입에 넣어 보니 새우젓 맛까지 나는 것이었습니다.

"처사님, 나는 먹지 못하겠습니다."

"입에 맞지 않더라도 조금만 드시지요?"

"어찌 중이 파·마늘을 먹을 수 있겠소?"

그리고는 자리를 털고 일어나 가 버리는 것이었습니다. 마음이 좋을 까닭이 없는 선비는 혼자 투덜거렸습니다.

"저 분은 천생 중 노릇밖에 못해 먹겠다. 저 옹고집으로 어떻게 중생을 교화할까? 남의 정성도 헤아릴 줄 알고 중생을 위해 동사섭同事攝도 할 줄 알아야지. 사람이 저렇게 막혀서야…."

선비는 신심이 뚝 떨어져서 다시는 절에 가지 않았습니다.

§

이 이야기는 평범하나마 계를 어떻게 지켜야 하는가를 잘

대변해주는 이야기입니다. 선비 부부의 성의를 생각해서 파·마늘을 한쪽으로 젖혀 놓고 국수 건더기만 먹었으면 되었을 텐데, 굳이 숟가락을 놓고 가 버렸으니 누군들 좋아하겠습니까?

이것은 계행을 올바로 지키는 것이 아닙니다. 계율을 제정한 근본 뜻에 의거하여 갖가지 차별상에 맞게 방편으로 따라줄 수도 있어야 합니다. 계율을 위한 계율, 그것이 참된 지계정신이 아닐 수도 있기 때문입니다. 부처님께서는 계율을 참된 해탈법이 되게끔 하기 위해 지범개차법을 두신 것입니다.

모든 불자들은 부처님께서 제정하신 계법을 마음 깊이 새겨서 계를 철저히 지켜야 합니다. 그리고 중생구제를 위해서는 계의 문을 잘 여닫을 수 있어야 합니다. 이렇게 할 때 계율은 진정한 해탈의 법이 될 수가 있습니다.

아울러 처음 시작할 때의 결심들을 잘 간직하여 어려움을 극복하며 꾸준히 나아가면 반드시 큰 깨달음을 이루고 대자유를 증득할 수 있게 됩니다. 부디 초심을 잘 유지하면서 불자의 근본인 계율을 잘 익혀 가기를 당부드립니다.

2. 성언에 의지하고 유화선순하라

 오직 금구성언金口聖言에 의지할지언정 용렬한 무리들의 망설妄說을 따르지 말라. 이미 출가하여 청정한 대중 속에 참여하였거든 항상 부드럽고 화합하고 착하고 순수함을 생각할 것이요, 교만심으로 잘난 체하지 말지니라.

_{단 의 금 구 성 언}
但依金口聖言이언정 _{막 순 용 류 망 설}莫順庸流妄說어다. _{기 이 출 가}旣已出家하야 _{참 배 청 중}參陪淸衆인댄
_{상 념 유 화 선 순}常念柔和善順이언정 _{부 득 아 만 공 고}不得我慢貢高어다.

금구성언金口聖言

 앞에서 살펴보았듯이, 처음 불문에 들어오면 5계·10계 등을 받아 불자로서의 기본을 갖추어야 합니다. 그런 다음에는 무엇에 의지하며 살아야 하는가? 지눌스님께서는 금구성언金口聖言, 곧 **부처님의 성스러운 말씀에 의지해야 한다**고 하였습니다.

 부처님께서는 진리로부터 와서 진리로 돌아가신 위대한

스승이시며, 그분의 몸에서는 진리를 상징하는 밝은 금빛이 언제나 쏟아져 나왔습니다. 그래서 세상 사람들은 부처님을 금인金人이라 하였고, 부처님의 입을 금구金口, 부처님의 말씀을 금구성언金口聖言이라 하였습니다.

왜 '금金'이라 하였는가? 순금은 오랜 세월이 지나도 변하지 않습니다. 그리고 늘 한결같은 가치를 지니고 있습니다. 진리 그 자체가 되어 언제나 한결같이 행동하고 말하는 부처님이야말로 순금과 같은 분이기 때문에 금인이라 한 것입니다.

또한 부처님께서 설하신 진리는 만국의 공용 화폐인 금과 같이 세계 어디에서나 통용이 되고, 그 말씀은 변하거나 가치를 잃는 일이 없습니다. 그러므로 부처님의 설법을 금구성언이라 하는 것입니다. 경전에서는 부처님의 말씀에 대해 다음과 같이 설하고 있습니다.

"여래는 금구로써 참된 진리를 연설하고, 그 묘한 음성으로 천상과 인간을 조복調伏한다."
『금광명경』

"부처님의 말씀은 진리의 말씀〔眞語〕이며, 실다운 말씀〔實語〕이며, 속이지 않는 말씀〔不誑語〕이며, 망령되지 않은 말씀〔不妄語〕이다."
『금강경』

그렇습니다. 부처님께서는 금구로써 중생을 교화하며, 그 금구성언은 진어요 실어요 불광어요 불망어입니다. 그리고 금구성언과 반대가 되는 말은 망어妄語입니다. 망어의 '망妄'은 분명한 근거나 까닭이 없다는 뜻을 지니고 있는데, 불교에서 좋지 않은 말〔妄語〕로 규정하고 있는 거짓말·기어綺語·양설兩舌·악구惡口 모두가 정확한 근거나 뚜렷한 까닭이 없는 헛된 말입니다.

진리 그 자체가 되신 부처님의 말씀은 진실하고 헛되지 않은 불망어不妄語로서, 까닭과 근거가 분명한 말씀입니다. 곧 부처님의 금구에서 나오는 음성은 모두가 진리의 말씀이요 성언聖言인 것입니다.

성언은 성인의 거룩한 말씀이라는 뜻입니다. 그렇다면 어떠한 분이 성인인가?

일찍이 공자님은 성인을 이렇게 정의하셨습니다.

❀

"성인은 천지와 더불어 그 덕이 합하고, 일월과 더불어 그 밝음이 합하며, 귀신과 더불어 그 길흉이 합하느니라〔聖人 與天地合其德 日月合其明 鬼神合其吉凶〕."

이에 상태재商太宰가 공자에게 물었습니다.

"부자夫子(공자)께서는 성인이십니까?"

"나는 박식가요 경사구의經事久矣(경험이 풍부하여 많이 아는 사람)일 뿐 성인은 아닙니다."

"그렇다면 삼왕三王이 성인이십니까?"

"삼왕은 지혜와 용기를 잘 썼을지언정〔善用智勇〕 성인은 아닙니다."

"그렇다면 오제五帝가 성인이십니까?"

"오제는 인의를 잘 썼을지언정〔善用仁義〕 성인은 아닙니다."

"그렇다면 삼황三皇이 성인이십니까?"

"삼황은 때를 잘 알고 정사를 실행했을지언정〔善用時節〕 성인은 아닙니다."

태재는 깜짝 놀라 물었습니다.

"그렇다면 도대체 누가 성인입니까?"

공자는 잠깐 침묵을 지키다가 말씀하셨습니다.

"제가 들으니 서방에 성인이 계시는데, 이 분은 다스리지 않아도 어지럽지 아니하며〔不治不亂〕, 말하지 아니하여도 사람들이 그대로 믿으며〔不言自信〕, 교화하려고 하지 않아도 나타나기만 하면 사람들이 줄줄 따라다닌다〔不化而行〕고 합니다. 탕탕하고 훤출하고 밝고 밝아 뭐라고 이름 붙일 수가 없다고 하니, 바로 이러한 분이 성인이지요."

§

석가모니불보다 1백여 년 뒤에 태어난 공자는 다스리지 않아도 어지럽지 않고, 말하지 않아도 사람들이 믿으며, 교화하지 않아도 사람들이 따르는 이를 진정한 성인이라고 정의하였고, 그와 같은 분이 바로 부처님이라고 하였던 것입니다.

　정녕 이와 같은 분을 따른다는 것이 얼마나 자랑스럽고 다행한 일입니까? 그러므로 불자들은 부처님의 금구성언에 의지해야만 합니다. 그리고 한 걸음 더 나아가, '부처님의 말씀이 아니면 말하지 않고 부처님께서 가르친 행이 아니면 행하지 않는다〔非而佛之言 不言 非而佛之行不行〕'는 자세를 갖추어야 합니다.

　그런데 부처님의 아들인 불자가 되어 세간의 어리석은 사람들의 망령된 말을 따라서야 되겠습니까? 그래서 지눌스님은 "용렬한 무리들의 망설을 따르지 말라〔莫順庸流妄說〕"고 하신 것입니다.

　세속의 사람들도 어리석은 사람들이 내뱉는 허망한 말을 믿지 않고 따르지 않는데, 수행자가 용렬한 사람들의 헛된 말에 현혹되어 마음의 동요를 일으키는 것을 용납할 수 있겠습니까?

　부처님의 진실한 말씀만 배우고 익히는 데도 짧기 그지없는 한평생. 한눈을 팔지 말고 금구성언을 따라 부지런히 정진해야 합니다.

출가出家

　지눌스님은 부처님의 성스러운 말씀에 의지할 뿐, 용렬한 무리의 망설을 따르지 말 것을 강조한 다음, "이미 출가하여 청정한 대중 속에 참여하였거든…"이라며 말문을 열었습니다. 우리는 출가가 무엇인지에 대해 제대로 알아야 합니다.

흔히 '출가出家'라고 하면 집을 떠나 머리를 깎고 승려가 되는 것을 연상하지만, 진정한 출가는 헛된 생각과 부질없는 말과 행동을 떠나서, 진리를 생각하고 진리에 계합하는 말과 행동을 하는 것을 가리킵니다.

불교에서는 출가의 유형을 3종출가三種出家・4종출가四種出家 등으로 분류하는데, 3종출가는 다음과 같습니다.

①세속의 집에서 나오는 것 [出世俗家]
②번뇌의 집에서 나오는 것 [出煩惱家]
③삼계의 집을 벗어나는 것 [出三界家]

이 가운데 ③출삼계가는 생사윤회의 세계인 욕계欲界・색계色界・무색계無色界의 삼계를 완전히 벗어나서 생사가 없는 경지에 이르게 되는 것을 가리킵니다. 또 4종출가는 다음과 같습니다.

①몸은 출가하였으나 마음이 출가하지 않은 이 [身出家心不出家]
②마음은 출가하였으나 몸이 출가하지 않은 이 [心出家身不出家]

③몸과 마음이 함께 출가한 이〔身心俱出家〕
④몸도 마음도 출가하지 못한 이〔身心俱不出家〕

이 중 ①은 외형상의 승려를 가리키고, ②는 신심이 돈독한 재가불자, ③은 발심한 수행승, ④는 신심 없는 재가불자를 지칭한 것입니다.

이 두 유형의 출가 중 가장 훌륭한 출가가 3종출가의 ③과 4종출가의 ③이라는 것은 누구나 알 수 있을 것입니다. 그리고 그 다음을 친다면 3종출가 중 ②와 4종출가 중 ②입니다.

단순히 집만 벗어나는 출가, 머리를 깎고 승복을 걸치는 출가는 참다운 출가가 될 수 없습니다. 겉으로만의 출가가 아니라 속마음까지 완전히 출가를 해야 합니다.

『나선비구경那先比丘經』에는 미린다왕이 나선비구에게 출가에 대해 묻는 장면이 있습니다.

"존자여, 그대는 어찌하여 출가를 했습니까?"
"우리가 출가를 한 것은 무상발심無常發心하여 무상대도無上大道를 이루기 위해서입니다. 그래서 모든 상相을 떠나는 출가를 하는 것입니다."

무상발심의 무상無常은 '모든 것이 변화하여 허망하다'는

2. 성언에 의지하고 유화선순하라 51

말이고, 무상대도의 무상無上은 '그보다 더 위가 없다'는 뜻입니다. 곧 변화하는 허망의 집을 벗어나서 위없는 대도를 성취하기 위해 출가하는 것입니다. 그리고 허망된 모든 상相을 떠난다는 것을 나타내기 위해 머리를 깎는다고 합니다.

명심하십시오. 출가는 결코 소극적인 도피가 아닙니다. 적극적으로 높은 이상을 추구하는 삶이며, 삼계의 불타오르는 집에서 뛰쳐나와 나도 살리고 남을 살리며 사는 것이 진정한 출가입니다. 그야말로 참된 출가는 법왕자法王子가 되는 것입니다.

우리 모두 헛된 욕망을 놓아 버리고 깨달음을 추구하면서 나와 남을 함께 살리는 진정한 출가자요 법왕자가 되어 봅시다. 출가의 근본 정신을 되새기면서, 원을 세워 참회하고 기도하고 스스로의 진실을 체험하고 인생을 새롭게 바꾸어 가는 진정한 출가인이 되기를 간곡히 청하옵니다.

청정한 대중 속으로

지눌스님께서는 처음 출가한 사람일수록 **청정한 대중**〔聽衆〕과 함께 살아야지, 외진 곳에 혼자 거처해서는 안 된다고 하셨습니다. 처음이기 때문에 반드시 훌륭한 스승과 도반道伴이 있는 대중의 처소에서 살아야 한다는 것입니다. 그래야만 어질고 착한 사람을 가까이 할 수 있고〔親近賢善〕

금구성언金口聖言을 배울 수 있기 때문입니다.

청중의 중衆은 '무리'라는 뜻으로, 세 사람 이상이 모이면 대중이 됩니다. 또한 청중은 맑고 깨끗한 대중, 신심 있는 대중, 덕이 있는 대중을 가리키는 말입니다. 곧 참다이 출가한 이들이 모여 있을 때 청중이라 할 수 있습니다.

그러므로 부처님께서는 청정한 대중을 부처님과 같이 섬겨야 한다고 하셨고, 그 대중 속에는 문수보살이나 관세음보살이 계실지도 모르니 항상 존경하고 정성껏 섬겨야 한다고 가르쳤습니다. 실제로 대중 속에 불보살이 계셨음을 입증하는 이야기는 많이 전해지고 있습니다.

❁

옛날 어느 스님이 승복 한 벌을 정성껏 만든 다음 마음속으로 작정했습니다.

"오늘 처음 만나는 스님께 이 옷을 보시하리라."

그런데 그날 아침에 가장 먼저 나타난 것은 자기를 시봉하는 동자승이었습니다. 스님은 내키지 않았지만, 스스로가 한 다짐을 어길 수 없어 투덜거리며 옷을 주었습니다.

"원, 재수도…. 거룩한 대중 가운데 근사한 스님을 만나 드렸으면 좋았을 걸!"

주고 나서도 못내 아쉬움이 남아 있었던 스님은 다음날 아침 동자승을 만나자마자 물었습니다.

"어제 그 옷이 잘 맞더냐? 너에게는 클 텐데…."

"스님께서 언제 옷을 주셨습니까?"

"어제 아침에 주지 않았느냐?"

"저는 어제 늦게까지 잠을 잤는데요?"

스님은 동자승이 거짓말까지 한다며 크게 꾸중하였습니다. 그리고 이튿날, 스님은 1천여 명의 대중이 한자리에 모여 왕으로부터 공양을 받는 반승飯僧에 참여하였다가, 그 대중 속에서 그저께 동자승에게 준 옷을 입고 있는 문수보살을 친견親見하게 되었습니다.

❁

또, 중국 천태종天台宗의 개조 지자대사智者大師가 계시던 국청사國淸寺에서 천 명의 스님께 공양을 드리기 위해 천 개의 상을 놓았는데, 막상 공양을 시작할 무렵이 되었을 때 상 하나가 모자라는 것이었습니다. 이상한 일이다 싶어 지자대사의 육신상肉身像을 모셔 놓은 탑에 가 보니, 스님의 육신상 또한 보이지 않았습니다.

육신상의 행방불명으로 국청사 전체는 잠시 동안 난리가 났지만, 공양이 끝난 직후 육신상이 탑 안에 있는 것을 보고 사람들은, '지자대사께서 공양에 참석하기 위해 탑에서 잠시 나왔던 것'이라며 입을 모았습니다. 그러나 천 명의 대중 가운데 누가 지자대사였는지는 알 수가 없었다고 합니다.

❁

이와 같이 청정 대중 속에는 우리가 감지하지 못할지라도 성현聖賢이 함께하고 계신다는 것을 잊지 말아야 합니다. 특히 처음 출가한 이는 청정 대중 받들기를 부처님이나 문수보살·관세음보살을 만난 듯이 해야 합니다.

이전의 큰스님들도 청중을 대할 때 특별한 모습을 보인 경우가 매우 많았습니다.

근대의 고승이신 만공스님은 개인에게는 '해라'고 하여도 세 사람만 모이면 '하오'라 하셨고, 용성龍城스님은 손상좌孫上左에게까지 높임말을 썼습니다.

❀

성철스님이 절 집안의 할아버지인 용성스님을 모시고 있었을 때, 용성스님은 손상좌에게 한결같이 높임말을 썼습니다.
"시봉님, 이리 오시지요."
"시봉님, 어서 자시게."
성철스님은 그 까닭이 궁금했습니다.
"어찌 저 같은 시봉에게까지 높임말을 하십니까?"
"일체 중생이 다 부처님인데 높임말을 쓰지 않을 까닭이 무엇이오."

❀

이와 같이 옛스님들은 청정한 대중을 부처님처럼 소중히 여기고 말 한마디, 행동 하나에도 소홀히 하지 않았습니다.

유화선순柔和善順

그렇다면 청정한 대중 속에 들어간 초심자는 어떻게 해야 하는가? 항상 **부드럽고 화합하고 선하고 수수한 것**〔柔和善順〕을 **생각하며** 살아야 합니다.

부처님께서는 이 세상에서 유화선순보다 더 큰 힘은 없다고 하셨습니다. 물질 위주의 사회 또는 난세가 되면, 흔히들 강하고 투쟁적이며 이익을 위해 물불을 가리지 않거나 약삭빠른 것이 필요 불가결한 듯이 말하지만, 그 생명은 오래가지 않습니다.

아무리 강한 것이라 할지라도 부드러운 것〔柔〕은 이기지 못하고, 투쟁은 화합〔和〕을 넘어서지 못하며, 이기심은 선한 마음〔善〕을, 약삭빠름은 순수함〔順〕을 따라잡지 못합니다.

바꾸어 말하면 유화선순은 자비慈悲입니다. '자비무적慈悲無敵'이라 하였듯이, 자비를 이길 수 있는 것은 그 어디에도 없습니다. 지눌스님께서 "항상 유화선순을 생각하라"고 하신 까닭은 바로 '자비심을 기르라'는 것임을 분명히 알아야 합니다.

물론 이 유화선순의 가르침이 불교에만 있는 것은 아닙니다. 유교에서도 5덕五德이라 하여 이를 강조하고 있습니다.

① 만났을 때 따뜻함을 느껴야 한다〔溫〕
② 상대할 때 어질고 착하게 보여야 한다〔良〕

③말이 공손하여 더 이야기를 하고 싶어야 한다〔恭〕
④겸손해야 한다〔謙〕
⑤양보해야 한다〔讓〕

이 5덕은 유교의 핵심인 인仁의 실천법입니다. 불교의 유柔·화和·선善·순順에다 따뜻하고 어질고 공손하고 겸손하고 양보할 줄 아는 5덕을 함께 갖춘다면 그를 일러 '자비를 성취한 이'라고 할 것이며, 여기에다 다시 지혜智慧를 성취하게 되면 자비와 지혜의 두 발을 함께 갖춘 양족존兩足尊, 곧 부처가 되는 것입니다.

유화선순柔和善順은 이토록 중요한 것이므로 이 마음가짐을 한시라도 버려서는 안 됩니다. 나아가 생각하는 것으로 그치는 것이 아니라, 어떠한 경우에 처하더라도 말과 행동이 부드럽고 평화롭고 착하고 순수할 수 있어야 합니다. 만일 우리가 유화선순의 몸 그 자체가 되면 어떠한 중생이라도 교화하게 되며, 부처를 이룰 날도 멀지 않게 됩니다.

그런데 청정한 대중과 함께 생활하면서 유화선순은커녕 **교만한 마음으로 잘난 체하며 지낸다면**, 그의 장래는 너무나 암담해질 뿐만 아니라 다른 사람의 공부까지 그르치는 결과를 초래하게 됩니다. 아만我慢에 빠져서 올바른 공부를 하지 않는 수행자. 그는 오히려 더 큰 업業을 쌓을 뿐입니다.

그렇다면 어떠한 아만我慢을 조심해야 하는가?

내가 너보다 뛰어나다는 아승만我勝慢을 비롯하여,

나와 너는 똑같다고 하는 아등만我等慢,

내가 너보다 못하다고 하는 아열만我劣慢까지
모두 조심해야 합니다.

실로 내가 잘났다고 우쭐대거나, 자신을 다른 사람과 비교하여 우열을 가리는 것처럼 어리석은 일은 없습니다. 출가든 재가든 모든 수행인에게 있어, 이와 같은 태도는 수행을 역행시키고 무명無明을 증장시키는 지름길이 될 뿐입니다.

진정 처음 발심하였을 때의 그 마음과 같이 부처가 되고자 한다면, 항상 유화선순을 생각하고 금구성언을 배워서 자비와 지혜를 함께 갖추어 나가야 합니다.

부디부디 유화선순! 이 네 글자를 잊지 마십시오. 이 네 글자가 수행인이 갖추어야 할 근본이 되기 때문입니다.

3. 교단의 위계질서

큰 사람은 형을 삼고 적은 사람은 아우를 삼을지니라.
大者는 爲兄하고 小者는 爲弟니라.
_{대자 위형   소자 위제}

위계질서의 기준은 구족계를 받은 순서

 앞에서 지눌스님은 청정 대중 속에 참여하여 항상 유화선순한 마음을 지닐 것을 가르쳤고, 여기서는 청정 대중 속에서 지켜야 할 위계질서에 대해 설하였습니다.
 "나이가 많은 사람은 형을 삼고 나이가 적은 사람은 아우로 삼아라〔大者爲兄 小者爲弟〕"고 하신 이 짧은 글은 불교 교단 내에서 지켜져야 할 위계질서를 압축하여 표현한 말씀입니다.
 그렇다면 형과 아우의 기준은 무엇이며, 윗자리에 앉아 절을 받아야 할 이는 과연 누구인가? 이를 비구·비구니·사미·승의비구勝義比丘, 그리고 비구니·사미·재가신도 등의 몇 가지 유형으로 나누어서 살펴보도록 합시다.

비구나 비구니의 형·아우가 되는 기준은 세속의 나이가 아니라 구족계具足戒, 곧 비구계 또는 비구니계를 받은 때를 기준시점으로 삼습니다. 만일 한 달 전에 막 20세가 되어 비구계를 받은 스님과 며칠 전에 비구계를 받은 30세의 스님이 있다면, 비구 사회에서는 20세의 스님이 형이 되고 30세의 스님이 아우가 되며, 자리도 20세의 스님이 더 상석에 앉도록 되어 있습니다.

무릇 어떠한 집단이든지 그 집단을 있게끔 하는 근본 명제에 맞게 질서체계를 정립합니다. 피를 바탕으로 한 가정이나 가문에서는 할아버지와 할머니를 집안의 제일 큰 어른으로 모시고, 마을 사람들이 특별한 목적 없이 친목 등을 위해 모일 때는 나이 순서에 따라 제일 나이가 많은 어른을 상좌에 모십니다.

그리고 공동의 이익이나 목적을 위해 대표를 뽑았을 때는 나이에 관계없이 임무에 적합한 사람을 윗자리에 앉히게 마련이며, 관청이나 기업체에서는 직급에 따라서, 마적이나 노예의 세계에서는 힘이 센 자가 어른이 될 뿐 나이나 덕행이나 예의는 돌아보지 않습니다.

이와 같이 모든 집단은 그 집단의 성격과 목적에 따라 가치관이 정립되기 마련이고, 그 가치관에 따라 위계 질서가 확립되기 마련입니다.

불교 교단 역시 마찬가지입니다. 비구는 해탈하기 위해 세속을 떠나서 출가한 자이므로 늙고 젊음으로써 높고 낮음을 삼지 않고, 해탈의 세계로 나아가기 시작하는 때인 구족계를 받은 나이로 위와 아랫자리의 기준을 삼고 있습니다. 이는 부처님 당시부터 정립된 차제법次制法으로, 현재 우리나라 불교계에서도 이 차제법에 의지하여 스님들의 자리를 정하고 있습니다.

부처님께서 이처럼 구족계를 받은 차례에 따라 위계질서를 엄중하게 지키도록 한 진정한 까닭은 무엇일까요? 바로 일체 중생이 평등하다는 불교의 평등주의 사상에 입각한 것입니다. 특히 우바리優婆離 존자의 출가 이야기는 이 차제법과 불교의 평등사상을 대변하는 이야기가 되고 있습니다.

※

우바리 존자는 부처님의 수많은 제자 가운데 계율을 가장 잘 지킨 지계제일持戒第一의 제자입니다. 이 분의 출신은 인도의 네 계급 중 가장 천한 수드라sūdra(노예계급) 출신으로, 장성하여서는 석가족의 궁중에서 머리를 깎는 이발사로 일했습니다.

부처님께서는 성도한 뒤 8년 만에 고향으로 돌아가 법을 설하셨습니다. 그때 설법을 들은 석가족의 왕자들은 부처님의 제자가 되기 위해 부처님이 계신 곳을 찾아가면서 궁중 이발사인 우바리를 데리고 갔습니다. 우바리는 모든 왕자들이 출가할 뜻을 품는 것을 보고 자신도 출가하고자 하였으나, 수드라 출신인 천민인지라 감히 엄두조차 내지 못하고 슬픔에 잠겨 있었습니다. 그의 표정을 보고 왕자 아나율阿那律이 사연을 물었습니다.

"왕자님, 저도 부처님의 제자가 되고 싶습니다. 그러나 저처럼 천한 수드라가 어찌 왕자님들과 함께 출가할 수 있겠습니까? 출가조차 할 수 없는 저의 신분이 너무나 서럽습니다."

그 말을 들은 왕자들은 부처님께 나아가 그 사연을 아뢰었고, 뜻밖에도 부처님께서는 우바리의 출가를 기꺼이 허락하셨습니다. 우바리는 감격의 눈물을 흘리며 부처님과 왕자들에게 감사의 절을 올렸습니다.

그리고 우바리가 출가한 지 7일째 되던 날, 부모의 허락을 얻은 7왕자는 정식으로 부처님의 제자가 되었습니다. 부처님께서는 언제나 하시던 것처럼 출가한 순서대로 선배 제자들을 앉게 한 다음, 새로 출가한 7왕자의 절을 받게 하였습니다. 7왕자들은 장로들로부터 앉은 차례대로 예배를 해나가다가, 맨 끝에 앉은 우바리 앞에 이르자 차마 절을 할 수가 없어 그냥 서 있었습니다. 이 광경을 본 부처님께서는 그들을 타일렀습니다.

"불교교단에서는 아무리 나이가 많고 신분이 높아도 선배가 될 수 없다. 오직 출가한 순서에 따라 서열이 정해질 뿐이다. 우바리가 비록 출가 전에는 수드라였다고 하지만, 뒤에 출가한 사람보다는 서열이 앞서느니라. 이제부터 너희는 우바리를 형으로 삼아 존경하고 대접하도록 하라."

그러나 7왕자들은 선뜻 우바리에게 절을 하지 못했습니다. 이에 부처님께서는 거듭 타일렀습니다.

"백천 갈래의 물줄기는 하나같이 바다로 흘러 들어가고, 사성四姓들은 출가하여 하나의 석씨 성이 되느니라〔百千河水 同流入海 四姓出家 同一釋姓〕."

일단 교단에 들어오면 출가 전의 왕자도 수드라도 똑같은 사문일 뿐이라는 선언이었습니다. 마침내 7왕자는 왕자였다는 교만심을 버리게 되었으며, 순수한 마음으로 우바리에게 공손히 절을 했습니다. 왕자들의 절을 받은 우바리는 부처님의 자비와 공정하신 그 가르치심에 진심으로 감동되어 공경하는 마음으로 왕자들과 맞절을 하였습니다.

이로써 불교교단 내에서 절대평등사상은 굳게 확립되었고, 모든 중생이 똑같은 불성종자佛性種子임을 만천하에 공표하게 된 것입니다.

부처님의 제자인 우리는 불교의 이러한 평등사상을 마음 깊이 새겨서 어기지 말아야 합니다. 모든 세속적인 아만을 버리고 부처님의 평등법에 따라, 구족계를 받은 순서에 준해 높고 낮은 차례를 지키고 평등한 마음을 회복해 가질 때, 걸림 없는 해탈의 삶은 우리들 앞에 전개됩니다.

비구들은 부처님의 제자답게 평등한 마음으로 자기 자리를 지키며 살아야 합니다. 세속의 나이나 경륜, 신분을 떠나서 일찍 구족계를 받은 이가 형이 되고 늦게 구족계를 받은 이가 동생이 된다는 것을 당연하게 받아들이고 지켜 나가야 할 것입니다.

사미는 정식 승려가 아니다

그럼 사미沙彌의 경우는 어떠한가? 사미계沙彌戒는 범어로 프라브라쟈Pravrajyā라 하고, 구족계는 범어로 우파삼파나Upasampanna라고 합니다. 곧 우파삼파나는 해탈법을 모두 갖추고 있다는 뜻이며, 프라브라쟈는 입사식入寺式이라는 의미를 지니고 있습니다. 사미계를 받음으로써 절에 들어오는 득도식得度式을 하였다는 것일 뿐, 해탈법을 모두 갖춘 정식 승려가 되었다는 것은 아닙니다. 곧 사미는 어디까지나 예비 승려에 불과합니다.

사미는 20세 아래의 철이 덜 든 미성년자를 위해 마련한 예비 승려제도입니다. 이 사미 제도는 불교가 출발할 때부터 있었던 것이 아닙니다. 부처님의 아들인 라후라가 최초의 사미가 되었으므로 불교 출범 8년 또는 12년 뒤에 생겨난 것입니다. 부처님께서는 이 사미의 나이 20세가 되면 마땅히 구족계를 받아 정식 승려가 되게끔 하셨습니다.

그런데 현재 우리나라에서는 사미계만 받은 채 평생을 보내는 이들도 있고, 20세가 넘어서 출가한 이는 4년 동안 사미로 지내다가 비구계를 받아 비구가 되도록 규정하고 있습니다. 이것은 부처님이 제정하신 정법正法이 아닙니다.

따라서 사미계만 받은 이가 정식 승려를 자처하며 살아서는 안 됩니다. 마땅히 구족계를 받아 비구가 되어야 합니다.

그리고 20세 넘어 출가한 이의 경우, 처음 4년 동안은 사미로 있어야만 비구계를 받을 수 있도록 한 현재 조계종의 법도 마땅히 고쳐져야 합니다. 나의 의견은 오히려 행자行者 교육을 철저히 시키고, 20세가 넘었으면 한 자리에서 사미계를 먼저 준 다음 곧이어 비구계를 주도록 함이 좋은 듯합니다. 이것이 부처님 당시의 율법이며, 오늘날에도 태국·스리랑카 등의 불교국가에서는 그대로 행하고 있습니다.

그럼 사미의 경우에는 형과 아우가 되는 기준을 어디에 두고 있는가? 바로 세속에서처럼 나이에 기준을 두고 있습니다. 미성년자인 사미들은 아직 철이 없고, 신분상으로 볼 때에도 예비 승려에 불과하기 때문입니다. 비록 7세에 출가하여 10년 동안 사미 노릇을 하였을지라도, 이제 막 출가한 19세의 사미를 형으로 받들어야 합니다.

어떤 이는 불교의 차제는 출가한 순이라고 생각하여 사미가 된 때를 중요시하고 있지만, 부처님의 정법에 입각해서

본다면 어디까지나 구족계를 받은 시기를 기준시점으로 잡아야 합니다. 왜냐하면 성년식을 하는 나이인 20세가 되기 전까지는 아직 철이 없고 자의식自意識이 확립되어 있지 않다고 보기 때문이며, 그러므로 사미를 정식 승려로 치지 않는 것입니다.

무상대도無上大道를 닦는 승려는 자기 의지에 의해 승려가 되어야 합니다. 이것이 기본입니다. 따라서 자기 의지가 확립되지 않은 미성년자에게는 구족계를 주지 않으며, 정식승려로 치지도 않습니다. 오직 불연佛緣을 일찍부터 맺어주고 특별한 환경에 처한 미성년자들을 수용하기 위해 사미 제도를 두게 되었다는 사실을 잊지 말아야 할 것입니다.

깨친 이를 가장 윗자리에

이제 비구는 구족계를 받은 나이〔戒臘〕에 따라 자리가 결정되고, 사미는 생년生年에 따라 위아래가 결정된다는 것을 잘 알았을 것입니다.

그런데 생년과 구족계를 받은 나이에 상관없이 윗자리에 앉는 이가 있습니다. 곧 소승의 깨달은 경지인 아라한阿羅漢·아나함阿那含이 된 사람이나 선을 닦아 견성見性한 비구로서, 그를 일컬어 승의비구勝義比丘라고 합니다.

그들은 불교의 궁극인 깨달음을 이룬 사람이요 모든 이의 스승이기 때문에 으뜸가는 자리에 앉을 수 있습니다. 예를 하나 들겠습니다.

❀

6조 혜능慧能 스님이 행자생활을 하던 중에 5조 홍인弘忍 선사로부터 인가를 받고, 황매산黃梅山을 떠나 은둔생활을 한 지 15년이 지난 어느 날, '이제는 법을 펼 시기'라 생각하여 산에서 내려와 광주 법성사法性寺에 이르렀습니다.

마침 인종법사印宗法師가 『열반경』을 강의하고 있었는데, 두 학인이 뜰에 서서 바람에 펄럭이는 깃발을 보고 끝없는 토론을 하고 있었습니다. 한 사람은 '바람이 움직인다[風動]'하고, 한 사람은 '깃발이 움직인다[幡動]'라고 하였습니다. 이때 혜능스님이 다가갔습니다.

"바람이 움직이는 것도 아니고, 깃발이 움직이는 것도 아닙니다. 오직 그대들의 마음이 움직이는 것[心動]일 뿐입니다."

마침 인종법사가 그 말을 듣고 깨달음을 얻어 혜능스님을 상석에 모시고 물었습니다.

"황매산의 법이 남쪽으로 내려왔다고 들었는데, 그분이 아니십니까?"

혜능스님은 여기서 출가 절차를 밟아 정식 승려가 되었고, 노비구인 인종법사는 큰 절을 올렸습니다. 혜능스님이 승의비구였기 때문입니다.

이러한 예는 매우 많이 있으며, 나이 또는 구족계를 받은 시간에 관계없이 승의비구에게 윗자리를 내어 주는 까닭을 분명히 알았을 것입니다.

그럼 재가인이 깨달았을 때는 어떻게 하는가? 그 또한 승의인이기 때문에 일반 비구·비구니보다는 윗자리에 앉아야 합니다. 깨달음을 중요시하는 불교이기 때문에 깨달은 이를 가장 높이 받들어 모시는 것으로 전통이 확립된 것입니다.

이제 많은 이들이 착각을 일으키기 쉬운 비구·비구니·사미·재가신도 등 교단 7중七衆의 위계질서에 대해 살펴보도록 합시다.

칠중七衆의 위계질서

불교 교단은 일곱 무리의 구성원으로 이루어져 있습니다.

① 구족계를 받은 20세 이상의 남자 승려 비구
② 구족계를 받은 20세 이상의 여자 승려 비구니
③ 아직 구족계를 받지 못한 예비 남자 승려 사미
④ 아직 구족계를 받지 못한 예비 여자 승려 사미니
⑤ 사미니에서 비구니가 되기 전 2년 동안 특별한 계율을 지키며 공부하는 식차마나式次摩那

⑥ 재가 남자신도인 우바새優婆塞
⑦ 재가 여자신도인 우바이優婆夷

  이들을 모두 합해 7중七衆이라고 하며, 다시 앞의 다섯을 출가중出家衆, 뒤의 둘을 재가중在家衆이라 부릅니다.
  먼저 출가와 재가의 위계부터 논해 봅시다. 출가중은 재가중보다 언제나 높은 자리에 있습니다. 사미는 비록 정식 승려가 아니고 나이도 어리지만, 이미 출가중이 되었고 장래에는 정식 승려가 될 것이기 때문에, 재가신도들은 사미에게 윗자리를 내어주어야 합니다.
  그 까닭이 무엇일까요? 사미승은 마치 사자새끼와 같은 존재입니다. 사자새끼는 아직 힘이 없지만 뭇 짐승들이 무시하지 못합니다. 하물며 출가하여 행하기 어려운 것을 능히 행하고 참기 어려운 것을 능히 참아가면서[難行能行 難忍能忍] 장차 깨달음을 이루고 뭇 생명 있는 이들의 자비로운 아버지[三界導師 四生慈父]가 되고자 하는 사미승을 공경하지 않아서야 되겠습니까? 아직 정식 승려가 되지 못하였을지라도, 계율을 잘 준수하는 사미승이라면 능히 재가인의 윗자리에 앉을 자격이 있습니다.
  다음으로 출가 5중의 위계를 살펴봅시다.
  비구와 비구니의 관계는 누구나 알고 있듯이 윗자리는 비구의 것입니다. 이는 부처님께서 제정하신 근본법으로, '1

백 세의 비구니라 하더라도 초하비구初夏比丘, 즉 금년 여름에 막 비구가 된 이에게 절을 해야 한다'고 하셨습니다. 부처님은 여자의 승려됨을 허락하시면서 이 조건을 가장 앞에 내세웠습니다. 그 까닭을 설명하자면 너무 장황하므로 뒷날로 미루겠습니다.

그런데 현재의 불교 교단에서 특히 문제가 되고 있는 것은 비구니와 사미와의 관계입니다. 얼마 전 우리나라 굴지의 사찰 강원에서는 강의하러 온 비구니에게 사미들을 보고 절을 하게 했다 하여 분란이 일어난 일이 있었습니다. 곧 1백 세의 비구니라도 남자 승려에게는 절을 해야 한다고 생각하였기 때문입니다. 그러나 이 생각은 맞지 않습니다. 부처님은 분명히 '초하비구'라고 못을 박았습니다. '초하사미初夏沙彌'가 아닙니다.

그렇다면 누가 누구에게 절을 해야 하는가? 사미가 비구니에게 절을 해야 합니다. 왜냐하면 비구니는 구족계를 받아 정식 승려가 되었고, 사미는 아직 예비 승려의 단계에 머물러 있기 때문입니다. 이와 같은 이치를 분명히 안다면 사미가 비구니에게 절하는 것은 오히려 너무 당연한 일입니다.

그러나 사미로부터 절을 받았던 비구니라 할지라도 그 사미가 구족계를 받아 비구로 바뀌는 순간부터는 반드시 절을 해야 합니다. 이것이 불가佛家의 위계질서입니다.

곧 7중을 위에서부터의 순서로 논한다면, ①비구 ②비구니 ③사미·식차마나·사미니 ④우바새·우바이가 되는 것입니다.

그렇다면 가장 위에 있는 비구는 누구에게 절하는가?

비구는 구족계를 받고 얼마가 지났느냐를 기준으로 삼아 세 가지 유형으로 나눕니다. 그 기간이 5년 이하면 신발의 비구新發意比丘, 5년 이상이면 소비구小比丘, 10년 이상이면 중비구中比丘라 하고, 20년 이상 되었으면 대비구大比丘라고 합니다.

이 중 대비구는 부처님과 법法에게만 절을 하고, 중비구는 부처님·법·대비구·중비구에게 절을 하며, 그 나머지에 대해서는 절을 하지 않습니다. 그리고 중비구가 되어야 상좌를 둘 수 있고, 대비구가 되어야만 비구니 절에 가서 교수를 할 수 있는 자격이 주어집니다.

이와 같이 7중의 위계질서가 바로 서면 불교 교단이 시끄러워질 까닭이 없습니다. 또 『장아함경』에서는 "웃사람을 공경하고 아랫사람을 사랑하여 화합하는 것이 바로 바라제목차(波羅提木叉 : 해탈을 보호하는 법, 곧 계율)에 수순隨順하는 것이다"라고 하였습니다.

실로 "큰 사람은 형을 삼고 적은 사람은 아우를 삼을지니라"라고 하신 지눌스님의 한마디는 승단의 위계질서를 확립하는 기본원칙이며, 이것만 바로 서면 계율 전체가 바로 서게 됩니다.

 적어도 불가의 위계질서, 우리만의 위계질서는 우리 안에서 분명히 정립하고 실천해야 합니다. 이 위계질서만 바로 서면 내부의 문제는 저절로 사라집니다. 내가 있어야 할 위치에 내가 있는데 무슨 문제가 일어나겠습니까? 다시 한 번 교단의 위계를 정립하여 우리 집안의 질서를 바로잡고, 불법을 널리 펴게 되기를 간곡히 기원합니다.

4. 화합법문

만일 서로 다투는 이가 있으면 두 사람의 말을 화합시켜 서로가 자비로운 마음으로 대하게 하고, 나쁜 말로써 사람을 상하게 해서는 안 된다. 만일 도반을 속이고 업신여겨서 시비를 한다면 이와 같은 출가는 전혀 이익이 없느니라.
儻有諍者어던 兩說을 和合하야 但以慈心相向이언정 不得惡語傷人이어다. 若也欺凌同伴하야 論說是非인댄 如此出家는 全無利益이니라.

시시비비를 떠나라

이제 지눌스님은 만일 교단 안에서 시비가 일어날 경우에는 어떻게 다스려야 하는가를 가르치고 있습니다.

시비是非. 그런데 세상을 살다 보면 옳고 그름을 따지는 시시비비가 너무나 자주 일어납니다. 그 옳고 그릇됨의 기준은 무엇인가? 기준이 분명히 있겠지만, 보통은 자기를 중심에 두고 있습니다. 나에게 맞으면 옳고 나에게 맞지 않으면 그릇되다고 보는 것이 일반적인 관례입니다. 이것이 중생의 어쩔 수 없는 속성인지도 모릅니다.

하지만 시비에는 고유한 실체가 없기 때문에, 한순간만 잘 넘기면 시비가 저절로 사라집니다.

❀

예전에 도견스님과 같이 제주도에 간 일이 있었습니다. 그때 한 절을 찾아가니 보살들만 둘이 살고 있었는데, 한 보살은 억세고 투박해 보였으며, 다른 보살은 가냘프고 부드러워 보였습니다.

다음날 아침 밥만 먹고 떠나려고 하는데, 두 보살 사이에 싸움이 붙었습니다. 아침 공양도 하지 않은 채 길을 떠날 수도 없고 조심조심 다가가서 들어보니 둘 다 경우가 틀리지는 않았습니다. 그래서 좀 부드러워 보이는 보살에게 말을 걸었습니다.

"보살님, 손바닥도 마주쳐야 소리가 납니다. 보살님이 잘한 것 같소만, 그 시비하는 자체가 잘못이오. 그러니 보살님께서 먼저 잘못했다고 말해 보시오."

"내 잘못한 것 하나도 없지만 스님께서 하라고 하시니 그렇게 하겠습니다. 내가 잘못했으니 그만둡시다."

싸움은 거기서 끝이 났고, 아침 공양을 하는데 억센 보살이 자기가 잘못했다는 생각이 들었는지 미안한 얼굴로 말했습니다.

"성님, 생각해 보니 내가 잘못한 것 같소."

이리하여 둘은 화해를 하였습니다.

§

이처럼 '내가 잘못했다'고 하면 그것으로 끝날 일인데도, 서로 고집을 부리고 아만我慢을 내세우기 때문에 시시비비가 끊이지 않게 됩니다.

한 생각 옳다 그르다고 따지는 것, 이것이 곧 생사生死입니다. 끝없는 생사를 불러일으키는 중생심으로 옳고 그름을 따지다 보면 서로 악한 말만 오가게 되고 감정은 더욱 상하게 됩니다.

생사가 없는 부처님의 법을 따르는 불자가 옳고 그름을 따지며 생사 속을 헤매어서야 되겠습니까? 하물며 세상의 모든 명리를 버리고 출가한 수도승이 시비 속에 휘말린다는 것은 있을 수 없는 일입니다.

불자는 자비심으로 남의 괴로움을 건져주어야 하고〔拔苦〕, 능히 다른 이에게 즐거움을 줄 수 있어야 합니다〔與樂〕. 그러므로 어떠한 시비에 부딪히게 되면, 먼저 합장하고 "모두가 내 잘못입니다. 성불하십시오"라는 말을 할 수 있어야 합니다. 이렇게만 하면 어떠한 시비도 일어날 까닭이 없고, 설혹 시빗거리가 있다 할지라도 생사가 없는 편안한 자리에 머무를 수 있습니다.

나아가 불교 교단은 각각의 개성을 지닌 사람들이 각지에서 모여들어 이룬 집단이기 때문에 서로가 화합을 하고자 애를 써야 합니다. 서로가 개성을 죽이고 화합을 위해 노력할 때 화합이 이루어지는 것입니다. 이와 같은 교단의 화합은 개인의 수행과 직결됩니다. 교단이 평화로울 때 개개인이 좋은 환경에서 올바로 수행을 할 수 있습니다.

그렇다면 교단의 화합과 더불어 개개인이 어떠한 시비에도 동요됨이 없이 편안히 수행하기 위해서는 평소 어떻게 살아야 하는가? 부처님께서는 이를 위한 여러 가지 가르침을 주셨습니다. 그 중 대표적인 것이 육화경六和敬·사성언四聖言·오부답법五不答法·칠멸쟁법七滅諍法 등입니다. 이를 간략히 살펴봅시다.

육화경
①몸으로 화합할지니 함께 머물러라〔身和共住〕.
②입으로 화합할지니 다투지 말라〔口和無諍〕.
③뜻으로 화합할지니 함께 일하라〔意和同事〕.
④계로써 화합할지니 함께 닦아라〔戒和同修〕.
⑤바른 견해로 화합할지니 함께 깨달아라〔見和同解〕.
⑥이익으로써 화합할지니 균등하게 나누어라〔利和同均〕.

화합과 해탈을 위한 요긴한 법문인 이 육화경六和敬은 불교 교단의 유지를 위한 가장 기본적인 여섯 가지 덕목으로,

대부분의 불교국가에서는 이를 통하여 사원생활의 불화와 분열을 막고 있습니다. 이는 세속의 조직 생활에도 쉽게 적용시킬 수 있습니다. 잘 새겨 활용해 보기 바랍니다.

사성언

① 보지 않았으면 보지 않았다고 말하라〔不見言不見〕.
② 듣지 않았으면 듣지 않았다고 말하라〔不聞言不聞〕.
③ 깨닫지 못하였으면 깨닫지 못했다고 말하라〔不覺言不覺〕.
④ 알지 못하는 것은 알지 못한다고 말하라〔不知言不知〕.

사성언四聖言은 시시비비를 아예 불러일으키지 않는 진실한 말을 가리킵니다.
곧 보지도〔見〕 듣지도〔聞〕 깨닫지도〔覺〕 알지도〔知〕 못하는 것을 보고 듣고 깨닫고 알았다고 우길 때, 그와 같은 억지에서부터 모든 시시비비는 일어나게 되는 것이므로, 항상 바탕이 바른 질직어質直語, 부드럽고 순한 유연어를 쓰는 것이 가장 바람직하다는 것을 깨우쳐 주고 있습니다.

오부답어

① 시험을 하기 위해 묻는 것〔試故問〕에는 답하지 말라.
② 의심도 없으면서 짐짓 묻는 것〔無疑故問〕에는 답하지 말라.
③ 범한 바를 뉘우치지 않기 위해 짐짓 묻는 것〔不爲悔所犯故問〕

4. 화합법문 77

에는 답하지 말라.

④받아들일 의사가 전혀 없으면서 묻는 것〔不受吾故問〕에는 답하지 말라.

⑤남을 애먹이고 비난하기 위해 묻는 것〔詰難故問〕에는 답하지 말라.

모든 중생을 자비의 법문으로 자상하게 이끌어 들여야 하는 것이 불자의 본분이지만, 부처님께서는 외도外道 또는 불교를 믿지 않는 이들이 이상의 다섯 가지 질문을 할 경우에는 대답을 하지 않아도 된다는 오부답어五不答語를 제정하셨습니다. 왜냐하면 이와 같은 질문에 답하는 것이 무의미할 뿐 아니라, 오히려 시비나 논쟁의 소지까지 담고 있기 때문에 답할 필요가 없다고 하신 것입니다. 다시 한 번 부처님의 자상하심을 엿볼 수 있는 가르침입니다.

칠멸쟁법

①본인이 있는 데서 잘못을 다스려라〔現前毘尼〕.

②쟁론이 있을 때 잘못을 기억하게 한 뒤에 죄를 다스려라〔憶念毘尼〕.

③정신착란으로 논쟁을 일으켰으면 허물을 삼지 말고 정상으로 회복된 뒤에는 묵인하라〔不癡毘尼〕.

④억지로 자백하게 하지 말고 본인의 자백에 의해 죄를 다스려

라〔自言毘尼〕.
⑤쟁론이 길게 계속되어 끝이 없을 때는 여러 사람의 말에 의지하여 죄를 다스려라〔多語毘尼〕.
⑥죄를 범한 이가 자기가 안 했다고 할 경우에는 결정적인 증거를 제시하여 스스로 자백토록 하라〔罪處所毘尼〕.
⑦누구의 잘못인지를 분별할 수 없게 되었을 때는 풀로 땅을 덮듯이 없었던 일로 하라〔草覆地毘尼〕.

이 칠멸쟁법七滅諍法은 비구계와 비구니계 속에 들어 있습니다. 그래서 뒤에 계율을 뜻하는 '비니毘尼'라는 단어가 붙어 있습니다.

부처님께서는 승단僧團에서 쟁론이 일어났을 때 그 해결을 국법이나 속인들에게 맡기지 말고 이 멸쟁법에 의해 잘못을 다스리도록 하셨습니다.

화합을 위한 이 칠멸쟁법을 잘 새기고 실천하여 시시비비를 다 놓아버리면, 모든 것 속에서 부처님의 원만한 지혜를 이룰 수 있게 됩니다.

화합은 곧 평등한 마음에서 비롯되고, 평등한 마음이 한결같이 유지되면 해탈을 이룰 수 있게 됩니다. 이 화합의 법문은 교단의 평화만을 위한 것이 결코 아닙니다. 가장 평화로운 삶을 살 수 있게 하는 방법이라는 것을 꼭 명심하시기 바랍니다.

도반을 업신여긴 과보

이어 지눌스님께서는, "만일 도반을 속이고 업신여겨서 시비를 한다면 이와 같은 출가는 전혀 이익이 없느니라" 하셨습니다. 그러나 그 결과는 이익이 없는 정도가 아닙니다.

❀

옛날 아라한과阿羅漢果를 증득한 노비구가 글을 읽고 있었습니다. 그런데 이가 빠져 웅얼웅얼거리자 젊은 비구가 옆에서 듣고는 빈정거렸습니다.

"노장님 글 읽는 소리가 꼭 개 짖는 소리 같습니다."

그러자 노비구가 말하였습니다.

"나는 이미 아라한과를 증득하였다. 아라한을 비방한 죄는 적지 않느니라."

순간 젊은 비구는 깊이 참회를 하였습니다. 이 참회로 지옥행의 과보는 면했으나, 아라한을 비방한 과보로 다음 생에 흰 개〔白狗〕로 태어나 대상인隊商人을 따라다녔습니다.

어느 날 저녁, 흰 개는 장사꾼들이 먹다 남은 고기를 훔쳐 먹었고, 그 사실을 안 장사꾼들은 개를 죽도록 두들겨 패서 구렁텅이에 던져버렸습니다.

죽은 목숨도 아니고 산 목숨도 아닌 채 구렁텅이에서 끙끙거리고 있는데, 마침 사리불舍利佛 존자가 지나가다 보고는 걸식을 해서 얻은 밥을 주고 법문도 해주었습니다.

"네가 악한 말 한마디로 개의 몸을 받았으니, 내생에는 곧은 말만 하고 부드럽고 평화스럽고 착한 말만 쓰도록 하여라."

개는 그 법문을 듣고 편안한 마음으로 죽어서 다시 사람으로 태어나 이름을 균제均提라고 하였습니다.

균제는 전생의 인연으로 7세 때 사리불 존자를 찾아가 상좌가 되었습니다. 그리고는 열심히 공부하여 아라한과를 증득하였으나, 사리불 존자의 은혜를 갚기 위해 평생 비구계를 받지 않고 사미로 남아 존자를 따라다니며 시봉을 하였습니다.

§

악한 말 한마디에 이와 같은 과보를 받는데, 하물며 악어惡語를 써서 다른 사람을 아프게 해서야 되겠습니까? 특히 함께 공부하는 도반을 속이거나, 업신여겨서 시비를 논하는 것은 결코 있을 수 없는 일입니다. 만일 이전에 재미로라도 이런 일을 저질렀으면, 지금 즉시 참회하고 깊이 자중하십시오.

모든 불자들이여, 시시비비를 떠나 화합의 요긴한 법문을 깊이깊이 되새겨서, 자타가 다 함께 평화를 이루고 다 함께 성불하는 길로 나아가시기를 축원드립니다.

5. 재색의 화

재물과 색色의 화는 독사보다도 더 심하니 자기를 반성하
고 그릇된 줄을 알아서 항상 모름지기 멀리할지어다.
財色之禍는 甚於毒蛇하니 省己知非하야 常須遠離어다.
_{재 색 지 화} _{심 어 독 사} _{성 기 지 비} _{상 수 원 리}

재물을 멀리하라

앞에서는 교단의 화합이 무엇보다도 중요하다는 것을 깨우쳤고, 이제 지눌스님은 **재물과 색의 화**가 개인의 수행을 망치므로 특히 멀리해야 함을 가르치고 있습니다. 부처님께서 "불법이 흥하느냐 망하느냐는 재색을 멀리하느냐 가까이하느냐에 있다"고 말씀하셨을 정도로 출가 수행과 재색은 결코 융화될 수 없는 부분이기 때문에, 지눌스님은 특별히 강조하기 위해 이 말을 하신 것입니다.

먼저 **재물의 화**부터 살펴봅시다.

출가 승려의 삶은 무소유無所有의 삶입니다. 그러므로 공

익과 불사佛事를 위한 것이 아니면 재물을 추구해서는 안 됩니다. 그래서 흔히들 출가인의 전 재산을 '일의일발一衣一鉢'이라는 말로 표현합니다.

'한 벌의 옷과 바리때 하나', 이것이면 출가인의 재물은 족하다는 것입니다. 진정 이와 같이 청빈하게 살아야 할 출가인이기에, 돈을 탐하는 모습을 보이거나 그에게서 돈 냄새가 나게 되면 추악하게 느껴집니다. 출가 승려에게 있어 돈은 사리사욕의 표본이 되기 때문입니다.

그리고 이 재물의 화에는 식욕食欲도 포함됩니다. 인간의 근본 5욕五欲 중에서는 식욕이 가장 앞선다고 하며, 만일 식욕을 뛰어넘어 음식을 탐하지 않게 된다면 나머지 색욕色欲·재욕財欲·수면욕·명예욕들도 쉽게 제어할 수가 있게 됩니다. 이와 같이 모든 욕망을 뛰어넘는 삶, 어떠한 환경 속에서도 마음자세를 더럽히지 않는 청정하고 거룩한 생활을 영위하며 사는 이가 출가 승려인 것입니다.

승려는 세속적인 모든 욕망을 버리고 출가한 사람입니다. 그들은 근본 5욕뿐 아니라, 수壽·복福·부富·귀貴·다남자多男子 등의 세속적인 욕망을 머리를 깎는 순간 남김없이 버린 이들입니다. 그런데 세속의 구조를 대표하는 돈 또는 재물을 탐하여서야 되겠습니까?

청렴한 세속인들조차 관심을 기울이지 않는다는 재물….『사미율의』에는 이런 이야기가 수록되어 있습니다.

❀

　한漢나라 때 살았던 관녕管寧과 화흠華歆은 어려서부터 절친한 친구였습니다. 하루는 둘이 앉아 글을 읽고 있는데, 높은 이의 행차가 있는지 밖이 소란스러웠습니다. 관녕은 전혀 개의치 않고 글을 계속 읽었으며, 화흠은 일어나 창문 밖으로 내다보았습니다.

　또 한번은 두 사람이 밭에서 김을 매는데 호미 끝에 금덩이가 걸렸습니다. 관녕은 아무런 미동도 없이 계속 밭을 매었고, 화흠은 그것을 들어 "바로 이놈이 많은 사람들의 마음을 홀리는 천하에 고약한 것이구나" 하고는 던져 버렸습니다.

　그 후 두 사람은 모두 출세를 하여 높은 벼슬자리에 올랐는데, 관녕은 천하 사람들로부터 성현聖賢이라는 소리를 들었지만, 화흠은 그렇지를 못했다고 합니다.

❀

　이와 같이 세속의 선비도 밭을 매다 호미에 걸린 금덩이를 돌아보지 않았거늘, 출가하여 욕심을 버린 사람이 무엇에 쓰기 위해 재물을 모으겠습니까? 헛된 재물을 탐하면 반드시 재앙이 뒤따르게 마련입니다. 우리의 주변을 둘러보십시오. 재물을 탐하다가 화를 입은 사람은 너무나 많습니다.

❀

　일제 강점기에 평안북도 운산은 우리나라에서 제일 유명

한 금광이 있었던 곳입니다. 그 마을의 아이들이 금광 근처에 와서 놀다가, 한 아이가 흙 속에서 큰 금덩어리를 주워 집으로 가지고 왔습니다.

"아버지, 이게 뭐예요?"

"아니! 금덩어리 아닌가! 이제 우리는 팔자 고쳤다."

금덩어리를 손에 들고 너무 좋아서 소리를 지르니 동네 사람들이 모여들었고, 그 소문은 곧바로 광산 관계자들의 귀에 들어갔습니다. 광산에서는 그것을 빼앗기 위해 재판에 회부시켰습니다.

"캐는 자리에서 주웠다면 광산의 것이지만, 캐고 내버린 흙 속에서 주웠으니 주운 사람이 임자다."

"캐는 자리든 캐고 버린 흙이든 그곳이 바로 우리 광산 땅이니 당연히 우리 것이다."

이렇게 옥신각신하는 사이에 일본 재판부는 묘한 판결을 내렸습니다.

"이 모두가 나라의 땅이니 이것은 나라 재산이다."

그렇게 되자 금덩이로 팔자를 고치려고 했던 사람은 화병이 들어 죽고 말았습니다.

§

도와 돈은 언제나 정반대 편에 서 있습니다. 그러므로 출가 수행자는 욕심을 버리고 눈을 바로 떠야 합니다. 욕심만 버리면 절대로 재물에 의해 화를 입는 법이 없습니다. 시비

5. 재색의 화 85

속에 휘말리거나 재판을 받는 일이 생겨나지 않습니다. 뿐만이 아닙니다. 도심道心은 더욱 자라게 됩니다.

색을 금한 까닭

이제 색色에 대해 살펴봅시다.

출가 수행인이 색욕을 멀리해야 한다는 것에 대해서는 누구나가 너무나 당연한 일로 받아들이고 있습니다. 그럼 부처님께서 색욕을 멀리하고 음행을 금하신 까닭이 무엇일까요?

첫째, 색욕은 일어났다 꺼졌다 하는 모든 기멸심起滅心을 조장하고, 번뇌의 뿌리가 되어 해탈을 방해하기 때문입니다. 모든 생사는 색욕으로부터 비롯됩니다. 생사를 뛰어넘어 해탈과 열반의 저 언덕에 이르려면 먼저 생사의 근원인 기멸심과 번뇌를 초월해야 하는데, 색욕은 번뇌와 기멸심을 근원적으로 조장할 뿐인 것입니다. 이 때문에 부처님께서는 출가중의 음행을 전적으로 금하셨고, 재가중에게는 사음邪淫만을 금하신 것입니다.

둘째, 음행이 청정하지 못한 비범행非梵行이요, 물들고 추한 염오행染汚行이기 때문입니다. 거룩하지 못한 행위는 밝은 마음을 어둡게 만들고 청정한 마음을 탁하게 물들입니다. 어둡고 탁한 마음은 결국 생사윤회의 씨앗이 될 뿐입니다.

결론적으로 말해 색에 현혹되면 우리의 청정한 본성을 탐욕의 굴레로 얽어매고 가리는 것이요, 그로 말미암아 모든 생사윤회의 세계가 전개되기 때문에 부처님께서는 색을 멀리할 것을 거듭거듭 강조하신 것입니다. 그래서 부처님께서는 율장律藏을 통하여 다음과 같은 말씀까지 하셨습니다.

"차라리 남근을 독사의 입속에 집어 넣을지언정 결정코 색을 탐하지 말지니라〔寧以男根 入於毒蛇口中 終不爲貪女色〕."

"어찌하여 네가 하나만 있었더냐. 만일 너 같은 게 둘만 있었던들 넓은 천하에 성불할 이가 없었을 것이다〔奈有一 若使二同 普天之下 無有成佛者矣〕."

✽

또 부처님께서는 무비無比라는 절세미인의 미모에 현혹되어 사랑하는 아내마저 죽이려 했던 우전왕優塡王을 교화한 뒤, 색욕에 빠진 남자들이 흔히 나타내게 되는 네 가지 추악한 모습에 대해 말씀하셨습니다.

이 법문의 대상은 여색에 빠진 재가인이지만, 색욕에 빠졌을 때 나타나게 되는 허물을 사실적으로 묘사하고 있으므로 경계하는 의미에서 함께 살펴보고자 합니다.

"대왕이여, 여자들만 나쁘고 악한 존재가 아닙니다. 남자에게도 음탕한 마음이 있으며 마魔가 끼게 되는 것이니, 대저 남자들이 짓게 되는 네 가지 추악한 죄가 있음을 알아야 할 것입니다. 무엇이 네 가지인가?

첫째, 음탕한 남자가 여자의 음탕한 소리를 들으면 음욕의 그물에 걸려 진실보다는 삿된 것을 믿고, 마침내 장님이 되어 버립니다. 음욕 때문에 넋을 잃고 끊임없이 여색을 탐하게 되면 여인이 아홉 구멍에서 나는 냄새를 깨닫지 못하게 될 뿐 아니라, 여자의 콧물이나 고름이나 핏물까지도 마치 꿀처럼 보배롭게 여겨 어루만지게 되는 것이니, 이것이 색욕에 빠진 남자의 첫 번째 추악한 모습입니다.

둘째, 부모는 자녀를 임신하고 낳아서 기르고 가르치고 재산을 물려주는 등 늙어서까지 몸을 돌보지 않고 자식의 뒷바라지만을 생각합니다. 그러나 자식은 자라서 늙은 부모의 두터운 은혜를 아예 잊어버린 채, 남녀의 정욕에만 마음을 쏟고 아내나 여자들의 말만을 믿어 부모와 싸우기까지 하니, 이것이 색욕에 빠진 남자의 두 번째 추악한 모습입니다.

셋째, 스스로 땀 흘리고 고생하여 재산을 모았으면 참된 믿음과 존경하는 마음으로 수도자를 존경하고 보시공덕의 씨앗을 심어야 할 것이거늘, 색욕에 눈이 어두워지면 참된 진실을 등지고 삿되게 살아갑니다. 어쩌다 착한 마음을 가졌다가도 색욕이 일어나면 물거품이 되어 다시 색욕에 몸을 던지니, 이것이 색욕에 빠진 남자의 세 번째 추악한 모습입니다.

넷째, 성장하여 재산을 모은 뒤에는 자식으로서 부모의 키워준 은혜를 저버린 채 늙은 부모를 봉양하기는커녕, 여기저기 색욕을 찾아다니고 여자들을 불러 쾌락만을 추구하며 살아갑니다. 이것이 색욕에 빠진 남자의 네 번째 추악한 모습입니다.

대왕이여, 남자로서 이 네 가지 추악함을 범하게 되면 마침내 삼악도三惡道에 떨어지게 됩니다. 대왕도 이 좋지 않은 생활 태도를 고쳐 악도를 벗어나도록 하십시오."

부처님의 자세하고 간곡한 법문을 듣고 마음속의 어두운 그림자가 사라진 우전왕은 무한한 기쁨 속에서 부처님께 참회 예배하였다고 합니다.

§

색욕은 생사의 근원이 되고 마음을 어둡게 하며 수많은 허물을 파생시킵니다. 모름지기 출가수행승은 색욕을 독사 대하듯이 하여 생사윤회와 모든 허물의 근원을 막아야 합니다.

무릇 불법이 흥하느냐 망하느냐 하는 것은 다른 데 있는 것이 아닙니다. 바로 재색財色을 멀리하느냐 가까이하느냐에 달려 있습니다. 곧 재색을 멀리하면 도가 높아지고 재색을 가까이하면 도가 땅에 떨어집니다.

이 재색은 밥이나 돈으로 바꾸어 표현할 수도 있습니다.

밥을 탐하면 법이 멀어지고, 돈을 멀리하면 도가 생겨납니다. 법을 위하여 밥을 멀리하고 도를 위하여 돈을 멀리합시다. 지눌스님께서 '항상 모름지기 멀리하라'고 하신 참뜻이 법과 도에 있다는 것을 꼭 명심하시어, 거침없이 해탈대도로 나아가는데 가장 큰 장애가 되는 재물과 색욕을 내려놓고 또 내려놓아야 할 것입니다.

  나무마하반야바라밀

Ⅱ 일상생활 속에서

1. 하지 말아야 할 바 〔八不得〕

일 없이 다른 사람의 방에 들어가지 말고,
병처屛處에 나아가 굳이 남의 일을 알려고 하지 말라.
6일이 아니면 속옷을 빨지 말고,
얼굴을 씻거나 이를 닦을 때는 큰소리로 코를 풀거나 침을 뱉지 말지니라.
이익을 나누는 일을 할 때는 당돌하게 차례를 어기지 말고,
경행을 할 때는 옷깃을 헤치거나 팔을 흔들지 말며,
말할 때는 소리를 높여 희롱하거나 크게 웃지 말 것이며,
요긴한 일이 아니면 문밖에 나가지 말지니라.

無緣事則不得入他房院하며 當屛處 不得强知他事하며
非六日이어던 不得洗浣內衣하며 臨盥漱하야 不得高聲涕唾하며
行益次에 不得搪揬越序하며 經行次에 不得開襟掉臂하며
言談次에 不得高聲戲笑하며 非要事어던 不得出於門外하라.

일없이 기웃거리지 말라

이제 지눌스님께서는 일상생활에 있어 놓치기 쉬운 일 하나하나를 자상하게 지적하여 수행인의 마음가짐을 정립시키고 있는데, 이 중에는 재가불자에게도 같이 적용되는 사항이 많습니다.

그 첫 번째가 "**일 없이 다른 사람의 방에 들어가지 말라**"는 가르침입니다. 곧 일 없이 남의 집 남의 방을 기웃거리거나 남의 비밀을 알려고 하는 것 자체가 대수롭지 않은 일 같지만, 그것이 습관화되면 도를 닦고자 하는 마음을 흩어 버리는 결과를 초래하게 되기 때문입니다.

❀

예전에 내가 해인사 선방에서 수행하고 있을 때의 일입니다. 당시 해인사 강원의 강사로 있었던 지관(智冠)스님과 나는 매우 친하게 지냈는데, 그때 지관스님 방으로는 동아일보와 조선일보가 배달되었습니다. 어쩌다 내려가서 동아일보의 단상란이나 조선일보의 고바우영감 등을 보게 되었는데, 몇 차례 보고 나니 그것이 궁금하여 날마다 점심을 먹고 나면 발길이 지관스님 방 쪽으로 옮겨지는 것이었습니다. 무심코 이러한 행동을 반복하다가 어느 날 문득 한 생각이 스쳐 지나갔습니다.

"아, 선방 승려가 신문 조각에 매이다니!"

나도 모르는 사이에 수행에는 조금도 도움이 되지 않는

일에 얽매이게 되었다는 자각과 함께, 신문을 보기 위해 지관스님의 방으로 가는 것을 그만두었습니다.

§

나의 이와 같은 체험은 바로 '일없이〔無緣事〕'의 표본이 될 것입니다. 신문을 보는 것은 참선 수행자의 본분이 아닙니다. 뿐만 아니라, 이와 같은 사소한 일이 어디에도 끄달리지 말아야 할 수행자의 기본 생활태도를 잃어버리게 할 수도 있습니다.

무연사無緣事!

지눌스님이 이 단락의 첫 구절에서 힘을 주어 말씀하신 '무연사'라는 글자 속에는 수행인의 기본자세가 담겨 있습니다. 곧, '반연攀緣하지 말라. 어디에 붙잡히거나 끄달리지 말라'는 것입니다. 이것을 바꾸어 말하면 올바른 인연법因緣法 속에서 살아가라는 말씀입니다.

불교의 법은 인연법이고, 인연은 인연업과因緣業果의 줄인 말입니다. 인연업과를 농사에다 비유하여 봅시다.

인因은 종자요, 연緣은 땅·기후 등의 자연환경이며, 업業은 농업입니다. 좋은 씨〔因〕를 기름지고 기후가 좋은 땅에 심고〔緣〕, 훌륭한 재배법에 의해 정성껏 키우면〔業〕, 그 결과〔果〕는 자연히 넉넉하고 풍성해집니다. 출가수행인도 마찬가지입니다.

부처를 이루겠다는 결심은 바로 출가 수행인의 인因입니

다. 이 인의 종자를 잘 싹 틔우기 위해서는 훌륭한 스님과 좋은 도반, 적절한 수행처 등의 환경(緣)이 있어야 합니다. 그러나 이것만으로는 부처를 이룰 수 없습니다. 부처를 이룰 수 있는 수행(業)을 해야 합니다. 끊임없이 정진하고 스스로의 마음을 다스려야 합니다.

 필경 한 수행인이 성불하겠다는 굳건한 결심(因)으로 좋은 환경을 만나 부처님이 될 수 있는 행을 끊임없이 닦아간다면 그에게 돌아오는 결과가 무엇이겠습니까? 바로 부처 '불佛'자 그것일 뿐입니다.

 불자들이 매일같이 말하는 수행이 무엇입니까? 바로 부처를 이룰 수 있는 좋은 인연을 맺는 것입니다. 그런데 부처를 이루는 데에는 조금도 도움이 되지 않는 인연, 오히려 수도에 방해가 되는 인연을 맺고 거기에 끄달리며 살아간다면 어떻게 되겠습니까?

 다른 사람의 방에 일 없이 들어가는 것. 이것은 나의 수도에도 도움이 되지 않고, 그 방 주인의 정진에도 방해만 줄 뿐입니다. 하물며 이러한 것에 습관이 붙으면 자기도 모르게 남의 방을 찾거나 기웃거리게 되니 경계하지 않을 수가 없는 것입니다.

 두 번째로 지눌스님은 "**병처屛處에 나아가 남의 일을 알려고 하지 말라**" 하셨습니다. 병처는 병풍이 쳐진 곳입니다. 옛날 중국이나 우리나라 사찰에서는 큰 방에다 병풍을 쳐서 각

승려의 처소를 구분하는 경우가 있었습니다. 승려 개개인이 거처할 수 있는 방을 따로 만들 수 있는 경제적인 여력이 되지 않았기 때문에, 병풍으로 구역을 나누었던 것입니다. 따라서 병처는 방과 다를 바가 없습니다.

그러나 병풍으로 가렸기 때문에 시선만 차단될 뿐, 소리는 잘 들리기 마련입니다. 따라서 자연스럽게 병풍 저쪽 편의 일에 관심을 기울이게 되고, 심지어는 엿보는 경우까지 생기게 됩니다.

하지만 수행인이 어떠한 존재입니까? 눈앞에 펼쳐지는 시빗거리를 보아도 본 바가 없어야 하고 들어도 마음에 두지 않는 사람들이거늘, 어찌 병풍 너머의 일에 신경을 쓰겠습니까? 하물며 남의 비밀을 알려고 귀를 쫑긋 세우거나 문틈새를 기웃거려서야 되겠습니까?

그릇된 인연, 별난 호기심에 빠져 있으면 공부가 제대로 될 수 없습니다. 수행 정신에 맞추어 끊을 것은 마땅히 끊어야 합니다. 수행을 위해 호기심을 멀리하는 바보가 되어야 합니다. 성불이라는 큰일을 생각하는 이라면 최소한 호기심에 대해서는 바보가 될 수 있어야 합니다.

"바보가 되거라. 사람 노릇하자면 일이 많다. 바보가 되는 데서 참사람이 나온다."

진정 옛스승들의 말씀처럼 바보가 되어 수도에 방해가 되는 일에 관심을 기울이지 말고 부지런히 정진해야 할 것입니다.

빨래와 세수

세 번째로 지눌스님은 "6일이 아니거든 속옷을 빨지 말아라" 하셨습니다. 이것은 사원생활의 질서유지를 위해 날을 정한 것으로, 절 집안에서 예부터 전해오는 말은 이를 뒷받침해 주고 있습니다.

"삼육일에는 빨래를 하고 삼팔일에는 목욕을 한다."

사실 6일이나 8일이 되면 정통(淨桶 : 물 대는 사람), 욕두(浴頭 : 불을 때서 물을 데우는 사람), 수두(水頭 : 물을 준비하는 사람) 등 소임을 맡은 스님들에게는 무척 바쁜 날이 됩니다. 지눌스님이 대중을 지도하였던 때의 수선사修禪社에는 8백여 명의 대중이 살고 있었는데, 이 많은 대중이 아무 때나 내의를 빨거나 삭발을 하거나 목욕을 하였다고 생각해 보십시오. 전혀 질서가 잡히지 않았을 것입니다. 그래서 삭발하는 날, 목욕하는 날, 빨래하는 날을 정해놓고 질서 있는 생활을 하도록 한 것입니다.

그러므로 "6일이 아니거든 속옷을 빨지 말라"는 이 말씀을 빨래나 목욕시설이 잘 되어 있는 오늘날에 비추어서 재해석한다면, 빨래·삭발·목욕 등을 하되 혼자만 특별히 행동하지 말고 대중의 규율과 질서를 잘 지키는 범위 안에서 행하라는 뜻으로 받아들이면 될 것입니다.

네 번째로 지눌스님은 "얼굴을 씻거나 이를 닦을 때 큰소리로 코를 풀거나 침을 뱉지 말라"고 하였습니다. 『사미율의沙彌律儀』에서는 목욕할 때의 주의사항을 다음과 같이 설하고 있습니다.

"목욕할 때는 먼저 더운 물로 얼굴을 씻고 위에서부터 아래로 천천히 씻어야 하며, 조급하게 덤벼 물이 곁사람에게 뿌려지면 안 된다. 욕실에서 오줌 누면 안 된다. 남과 이야기하거나 웃으면 못쓴다. 으슥한 데를 씻으면 못쓴다. 부스럼이나 옴이 있는 이는 나중에 목욕하여야 하며, 보기 흉한 헌 데가 있는 이는 더욱 피하여서 남의 눈에 띄지 않게 해야 한다. 제멋대로 오래 씻어서 뒷사람에게 방해되면 안 된다."

또 비구계 중에는 탑이나 법당 주위, 대중이 쳐다보는 곳에서는 침을 뱉지도 말고 코를 풀지도 말며, 양치질을 해서도 안 된다는 계율이 있습니다.

이상의 목욕법·세수법 등은 하나같이 부처님의 삼천위의三千威儀 팔만세행八萬細行 속에 들어 있는 것들입니다. 출가 수행인들은 부처님께서 행하신 바가 아니면 행하지 않는 이들입니다. 마땅히 부처님의 맏아들이요 인천人天의 스승이 될 수 있도록 조그마한 행동 하나에도 소홀함이 없어야 할 것입니다.

넘치지 말라

다섯 번째 가르침은 이익利益에 대한 자세입니다. 세속에서나 절 집안에서나 이익을 나누어 갖게 되는 일은 자주 있게 마련입니다. 그런데 평소 점잖게 있던 사람도 '눈앞의 이익'에 직면해서는 전혀 다른 모습을 보이는 경우가 허다하며, 그 이익 때문에 뜻하지 않은 불화가 일어나기까지 합니다. 이 때문에 지눌스님은 "**이익을 나누는 일을 할 때**〔行益次〕**에는 당돌하게 차례를 어기지 말라**"는 말씀을 넣으신 것입니다.

그런데 본문에서는 이익을 나누는 일을 '행익차行益次'라고 표현하였습니다. 행익차의 행익行益은 행반行飯과 익반益飯을 합하여 만든 단어입니다. 행반은 바루공양을 할 때 처음 밥을 돌리는 것을 말하고, 익반은 '가반加飯하시오' 할 때의 가반, 곧 모자람이 없도록 밥과 반찬을 한 차례 더 돌리는 것을 말합니다.

그렇지만 여기서는 행반이나 익반이라는 말 자체에 중요한 의미를 부여하고 있지는 않습니다. 오히려 행반을 하든 익반을 하든 이익이 있는 일을 행할 때, 곧 음식을 돌린다든가 보시물을 돌린다든가 여러 가지 물건을 돌릴 때, 덤벙거리지 말고 차례로 돌리고 차례를 지켜 질서정연하게 받으라는 것입니다.

주는 음식을 먼저 받으려 해서도 안 되고, 물건을 돌릴 때

친하고 친하지 않음을 따져 순서를 어겨서도 안 됩니다. 나아가 법요식法要式 및 행사가 있을 때 자리를 정하거나 들어가고 나오는 사소한 일에 이르기까지 위아래의 순서에 따라 엄격히 지켜야 하며, 길을 갈 때, 말을 할 때, 기타 모든 행동을 할 때 어른을 앞질러서는 안 된다는 뜻이 담겨져 있습니다.

여섯 번째로 지눌스님은 **"경행을 할 때에는 옷깃을 헤치거나 팔을 크게 흔들지 말라"**고 하셨습니다.

경행經行은 두 가지 뜻으로 쓰여지고 있습니다.

첫째는 참선할 때의 경행입니다. 요즈음은 경행을 포행布行이라고 하여 좌선과 구분을 하고 있지만, 옛스님들은 좌선과 경행을 동일한 수행으로 보았습니다. 선방에서는 50분 동안 좌선하고 10분 동안 경행을 하는데, 경행을 할 때 화두話頭를 놓아 버리거나 마음을 풀어서는 안 됩니다. 좌선을 할 때와 마찬가지로 찬찬히 화두를 생각하면서 걸어야 합니다.

만일 옷깃을 풀어헤치고 팔을 휘적거리거나 다리를 까불면서 걸어 보십시오. 금방 마음이 어지러워져서 화두가 멀리 달아나고 맙니다. 그러므로 경행을 할 때 옷깃을 헤치거나 팔을 요란하게 흔들지 못하도록 한 것입니다.

두 번째의 경행은 길을 걷는 것, 곧 걸음걸이를 가리킵니다. 수행자의 걸음걸이가 단정해야 한다는 것은 지극히 당연한 일입니다. 몸을 흔들며 걷거나 머리를 푹 숙이고 걸어서도 안 되며, 껑충껑충 빨리 걸어서도 안 됩니다. 모든 감각기관을 잘 수습하여 바깥 인연에 마음을 빼앗기지 말고, 바르고 곧게 나아가야 합니다.

불가에는 부처님 열반 후 선종의 33조사 중 제14조인 우바국다優婆麴多 존자와 한 비구니 사이에 있었던 이야기가 전해지고 있습니다.

❁

부처님이 계셨을 때 직접 모신 일이 있는 나이가 매우 많은 비구니가 있었습니다. 우바국다 존자는 제자들에게 부처님 당시의 수행과 교단의 모습 등을 들려주기 위해 제자들과 함께 노비구니를 찾아갔습니다. 그런데 노비구니의 처소 앞에는 작은 개울이 있었고, 그 개울 위에는 철판으로 만든 다리가 있었습니다.

우바국다 존자는 노비구니에게 물었습니다.

"부처님 당시의 수행 모습과 교단의 기강은 어떠했습니까?"

그런데 노비구니는 전혀 엉뚱한 답을 했습니다.

"다른 것은 접어 두고라도, 조금 전 스님네들이 다리를 건너올 때 소리를 많이 낸 것만 보아도 불법이 많이 쇠퇴했다는 것을 알 수 있습니다. 저 다리가 철판을 이어 만들어서 소리가 나기 쉬운 것은 사실이지만, 부처님 당시에는 아무리 많은 대중들이 다리를 건너도 소리가 나는 일은 없었습니다. 오늘 존자께서 대중을 데려오실 때 다리 건너는 소리가 요란했던 것으로 미루어 보아, 부처님 당시 승려들의 마음가짐이나 걸음걸이와는 비교가 되지 않음을 알 수 있습니다. 이것이 불법의 쇠퇴한 증거가 아니고 무엇이겠습니까!"

8

　실로 무서운 지적이라 하지 않을 수 없습니다. 걸음걸이가 반듯한 사람은 마음 씀씀이도 반듯한 법입니다. 바른 마음이 깃든 단정한 걸음걸이! 불자의 일거수일투족은 그대로 포교가 될 수 있고, 행동 하나 잘못하면 교단을 망신시킬 수도 있습니다. 수행인의 행동 하나하나가 불법을 흥하게도 할 수 있고 망하게도 할 수 있다는 사실을 우리 모두가 깊이 명심하고, 항상 편안한 마음가짐으로 조심스럽게 행동해야 할 것입니다.

　그렇다면 말을 할 때는 어떻게 해야 하는가? 일곱 번째로 지눌스님은 "소리를 높여 희롱하거나 크게 웃지 말라"고 하셨고, 율문律文에는 "많이 웃지 말고 하품도 함부로 크게 하지 말라", "말을 많이 하지 말고, 정부나 관공서, 속가의 장단점을 말하지 말라"는 등의 글이 있습니다.

　쓸데없는 우스갯소리나 농담, 남의 장단점을 논란하면서 큰소리로 떠드는 등의 일은 번뇌를 기를 그릇된 습관을 만드는 싹이 될 뿐입니다. 굳이 이와 같은 글을 인용하지 않더라도 말을 잘해야 한다는 가르침은 우리들 주위에 널리 깔려 있습니다. '말 한마디로 천냥 빚을 갚는다', '오는 말이 고와야 가는 말이 곱다'는 등의 속담도 한 예가 될 것입니다.

모름지기 말을 할 때는 상대방을 존중하면서 점잖고 얌전하게 해야 합니다. 큰소리로 떠들거나 이를 드러내고 시시덕거리면서 말하면 오해가 생기기 쉬운 법입니다. 특히 전화로 대화를 할 때는 상대방이 보이지 않기 때문에 더욱 삼가야 합니다.

출가수행인의 말 한마디, 표정 하나하나는 수행과 직결되어 있고 중생 교화와 직결되어 있다는 사실을 분명히 인식해야 할 것입니다.

마지막으로 지눌스님은 **"요긴한 일이 아니면 문밖에 나가지 말라"**고 하셨습니다. 절 문밖에 나가게 되면 세속의 잡된 일과 접할 기회가 많아질 수밖에 없고, 그러다 보면 도를 닦는 일을 등한시하게 되기 때문입니다. 그러므로 산문山門 밖 출입을 함부로 하지 못하게 한 것이며, 꼭 필요한 일이 생겼을 때는 스승의 허락을 얻은 다음에 나가도록 하였습니다.

동요됨이 없는 출가인의 자세! 석가모니는 설산雪山에서 6년을 앉아 움직이지 않으셨고, 달마대사達磨大師는 소림굴小林窟에서 9년 동안 면벽관심面壁觀心 하셨습니다. 옛스님들 중에도 3~40년 동안 동구 밖을 나가지 않고 수행정진한

분들이 많습니다. 중국 여산廬山의 혜원慧遠 스님은 여산 동림사에 30년을 머무르면서 한 번도 동구 밖을 나가지 않으셨고, 근대의 고승 한암漢巖 스님은 오대산으로 들어간 뒤 6·25 때에도 산중에 머물면서 절을 지킨 유명한 일화를 남겼습니다.

세상에서는 오랫동안 산중에 머물러 올바로 정진하면 산의 정기를 온전히 받아 도를 성취할 수 있게 된다는 말을 합니다. 이는 결코 헛된 이야기가 아닙니다. 속정俗情을 끊고 출가 수도하는 사람이 일없이 절 밖으로 들락날락하여 '반은 속인 물, 반은 중 물'이 들어서야 언제 도를 성취하겠습니까? 그러므로 도를 닦거나 선禪을 닦으려면 산山을 떠나지 말아야 하는 것입니다.

이제까지 지눌스님은, 여덟 가지 '하지 말 것〔不得부득〕'에 대해 말씀하셨습니다.

① 일 없이 다른 사람 방에 들어가지 말라.
② 병처에 나아가 남의 비밀을 알려고 하지 말라.
③ 6일이 아니면 속옷을 빨지 말라.
④ 세수하고 양치질할 때 큰소리로 코를 풀거나 침을 뱉지 말라.
⑤ 이익을 나눌 때 당돌하게 차례를 어기지 말라.
⑥ 경행할 때 옷깃을 헤치거나 팔을 흔들지 말라.

⑦말할 때 소리를 높여 희롱하거나 크게 웃지 말라.
⑧요긴한 일이 아니면 문밖에 나가지 말라.

 이와 같이 행동하면 수행인의 위의를 손상시킬 뿐 아니라, 도력道力을 기르는 데도 크게 방해가 되기 때문에 하지 말라고 하신 것입니다. 모든 불자들은 꼭 이를 마음에 새겨서, 하지 말아야 할 일이나 헛된 일에 빠져들지 않도록 해야 합니다. 그리고 늘 몸가짐과 행동을 바르게 하여 해탈대도와 행복을 여는 지혜로운 삶을 살아가야 할 것입니다.

2. 마땅히 해야 할 일

병든 사람이 있거든 모름지기 자비로운 마음으로 지켜주고 간호할 것이며, 손님이 오거든 마땅히 기쁜 마음으로 맞아들이며, 어른을 만나거든 마땅히 엄숙하고 공손한 마음으로 길을 비켜드리며, 도구를 마련할 때는 모름지기 검소한 것에 만족할 줄 알아야 하느니라.

有病人이어던 須慈心守護하며 見賓客이어던 須欣然迎接하며
逢尊長이어던 須肅恭廻避하며 辦道具어던 須儉約知足하라.

병든 이를 간호하라

앞에서 지눌스님은 '하지 말아야 할 여덟 가지〔八不得〕'을 강조하셨고, 이제부터는 '모름지기〔須〕', 마땅히 해야 할 것 네 가지를 일깨우고 있습니다.

그중 첫 번째 모름지기 해야 할 일은 간병看病입니다. "병든 사람이 있거든 모름지기 자비로운 마음으로 지켜주고 간호하라"는 것입니다. 부처님께서는 『범망경梵網經』을 통하여 다음과 같이 말씀하셨습니다.

"너희 불자들이여. 모든 병든 이를 보거든 항상 공양하되, 마땅히 부처님과 다름이 없이 여길지어다. 여덟 가지 복전 가운데 병든 이를 간호하는 것이 가장 으뜸가는 복전이니라. 만일 부모나 스승이나 스님이나 제자가 병이 들어 팔다리나 기관이 온전하지 못하고, 여러 가지 병으로 고뇌하거든 이들을 다 공양하여 낫게 해야 하느니라."

이 범망경에서의 여덟 가지 복전福田은
①삼보를 잘 공경하는 삼보공경三寶恭敬이요
②부모에게 효도하는 효양부모孝養父母요
③병든 이를 도와주는 급사병인給事病人이요
④빈궁한 사람을 구제하는 구제빈궁救濟貧窮이요
⑤길 옆에 우물을 파는 광로의정廣路義井이요
⑥개울에 다리를 놓는 건조교량建造橋梁이요
⑦험한 길을 고르게 닦는 치평험로治平險路요
⑧여덟째는 법회를 열어 어떤 사람이나 법문을 들을 수 있게 하는 무차법회無遮法會입니다.

이 여덟 가지 모두가 훌륭한 일이지만, 그 중에서도 병자를 돌보는 것이 가장 으뜸이 됩니다.

　병든 이를 돌보는 것, 그것은 공덕인 동시에 수행이기도 합니다. 의지할 곳 없는 병든 이를 보고 무심하게 지나쳐서야 어찌 참된 수행자라 할 수 있겠습니까? 병이나 가난으로 인해 고통 받는 중생을 보거든 그 아픔을 외면하지 말고, 물질적으로 육체적으로 정신적으로 능력껏 베풀고자 해야 합니다.

　불자들에게 있어 남의 아픔은 곧 나의 아픔입니다. 남의 아픔을 보았을 때 내 마음 또한 아픈 것이 자연스러운 까닭은, 우리의 근본 마음자리에 안과 밖이 없고 나와 남에 대한 차별이 없기 때문입니다. 병들어 신음하는 이를 보고 외면한다면, 이는 결국 자기의 근본 마음자리를 외면하는 것이 되며, 바로 이것이 부처님이나 지눌스님께서 병자를 잘 간호하라고 당부하신 까닭입니다.

　마음속에 자비심이 깃들면 세상은 자연스럽게 바뀌기 마련입니다. 정성을 다한 간병! 그것이 진심일 때 모든 환란은 저절로 사라지고 좋은 일은 스스로 찾아듭니다.

　자비로 가득 채워진 간병은 결코 그 값을 따질 수 없습니다. 우리 모두 병자를 기꺼이 돌보는 자비심을 능력껏 발현하여, 진정한 복을 닦고 근본 마음자리를 되찾는 참된 불자가 되어 봅시다.

손님과 어른 대하기

간병 다음으로 모름지기 해야 할 일은 **기쁜 마음으로 손님을 맞아들이라**는 것입니다.

한 절을 맡게 되거나 암자를 맡아서 사는 승려는 어떤 손님이 오든지 기쁜 마음으로 반겨 맞아야 합니다. 이 시대의 고승이셨던 한암漢巖스님이나 동산東山스님이나 경봉鏡峰스님 같은 어른은 절을 찾아오는 사람이면 신도든 객승客僧이든, 신분에 상관하지 않고 알뜰히 보살폈습니다. 공양을 했는지 하지 않았는지, 머무르는 방이 차갑거나 덥지 않은지 등, 세심한 부분에까지 마음을 썼습니다.

이것이 중생 교화의 도량인 절을 맡아 살림하는 이의 기본 자세입니다. 이와는 반대로 절을 찾아오는 손님을 푸대접한다면, 이는 복을 감하는 행위가 되며, 중생 교화를 외면하는 처사가 됩니다. 그러므로 지눌스님께서 "**손님이 오거든 모름지기 기쁜 마음으로 맞아들이라**"고 가르친 것입니다.

그런데 승려가 손님 오는 것을 싫어하게 되면 어떻게 되는가? 신도가 줄어들 뿐 아니라 심하면 절이 망하기까지 합니다. 이와 관련된 고사 한 편을 소개하겠습니다.

❁

예전에는 양산 통도사에서 영축산을 넘어 언양 석남사로 가는 길 사이에 간월사澗月寺라는 큰 절이 있었습니다. 그런데 이 절의 승려들은 스님이든 속인이든 객이 찾아오는 것을 무척 싫어하였고, 오더라도 푸대접을 하였습니다. 하루는 형색이 초라한 객승이 찾아와서 물었습니다.

"이 절 스님네의 소원은 무엇입니까?"

"당신과 같은 시시껄렁한 사람들이 제발 찾아오지 않았으면 좋겠소."

"그것이 소원이라면 일주문 앞에 있는 저 널찍한 바위를 깨뜨리시오. 그러면 손님이 오지 않을 것이오."

간월사의 승려들이 그 말대로 일주문 앞의 바위를 깨뜨리자 두 마리의 학이 허공으로 날아올랐고, 그 순간 간월사에 큰 불이 났습니다. 그리고 날아오른 학 두 마리 중 한 마리는 통도사의 선자바위 속으로, 다른 한 마리는 범어사 두쥐재 속으로 들어갔습니다. 그때부터 통도사와 범어사는 크게 번창하였고, 간월사는 완전히 망했다고 합니다.

8

절의 경영을 맡은 사람은 절대로 손님을 푸대접해서는 안 됩니다. 찾아오는 사람을 싫어해서도 안 됩니다. 미운 사람이든 고운 사람이든 절에 오면 밥을 먹이고 보살펴주어야 합니다. 밉상을 떠는 사람일지라도 가만히 놓아 두면 인연 따라 가게 되어 있습니다. 그러므로 성급하게 '가라, 오라' 하지 말고, 언제나 자비로운 마음, 기쁜 마음으로 손님을 대하여야 합니다.

또 지눌스님은 "높은 어른을 만나거든 모름지기 엄숙하고 공손한 마음으로 길을 비켜 드려라"고 하였습니다.

이것은 유교의 기본 덕목인 삼강오륜三綱五倫과 맥락을 같이 하는 것이기도 합니다.

처음 출가한 사미들이 배우는 『사미율의』에는 삼강오륜과 맥이 통하는 여러 가지 규범, 큰스님을 공경하는 법을 자세히 밝혀 놓았습니다.

- 큰스님 이름을 함부로 부르지 못한다.
- 큰스님의 말씀을 엿듣지 말고 돌아다니면서 큰스님의 허물을 말하지 마라.
- 앉아 있을 때 어른이 지나가는 것을 보면 일어나야 한다. 다만 경 읽을 때, 병이 났을 때, 머리 깎을 때, 밥 먹을 때, 울력할 때는 일어나지 않아도 좋다.
- 스승보다 일찍 일어나야 한다.

등 수십 가지 조항을 자상하게 열거하고 있는데, 모두가 스승이나 어른을 섬김에 있어 정성을 다하여야 한다는 것을 골자로 삼고 있습니다.

마땅히 모셔야 할 분을 모시고 마땅히 받들어야 할 분을 받드는 것은 누구나가 당연히 해야 할 규범이요 예의입니다. 만일 수행인이 당연한 예절조차 지키지 못한다면, 어떻게 지극한 수행을 이루어 낼 수 있겠습니까?

지극한 마음으로 정법正法을 구하고 지극한 신심으로 스승과 선배를 공경할 때 참된 법의 문은 저절로 열리게 됩니다. 모든 교만을 버리고 한마음으로 어른을 모십시다. 조그마한 성취에 도취되어 스스로를 높이거나 예의를 잃어버리지 맙시다. 언제나 어른을 깍듯이 섬기는 가운데 자신의 부족한 점을 배우면서, 성불의 길로 나아가야 할 것입니다.

검약한 도구

네 번째로 지눌스님은 "도구를 마련할 때 모름지기 검소한 것에 만족할 줄 알아야 한다"고 하였습니다.

여기서의 도구道具는 한 개인이 도를 닦는데 필요한 모든 물건을 가리킵니다. 어떤 이들은 도구를 사중물건寺中物件이라고 새기기도 하지만, 지눌스님이 말씀하신 도구는 사중의 공동 물건이 아닌 개인의 물건임을 분명히 알아야 합니다. 곧 승려 각각이 먹고 입고 자고 생활하는 데 필요한 일체의 용구를 가리킨 것입니다.

그렇다면 승려 개인이 지니고 다녀야 할 용구에는 어떠한 것이 있으며, 그 도구는 어떠한 마음으로 지녀야 하는가?

경전에 의하면, 안거安居나 두타행頭陀行을 하는 출가수행승들은 열여덟 가지 물건[十八物]을 필수적으로 소지해야 한다고 하였습니다. 그 열여덟 가지 종류의 물건은 양지·

조두 · 물병 · 바루 · 삼의 · 좌구 · 석장 · 향로 · 녹수낭 · 수건 ·
칼 · 화수 · 섭자 · 승상 · 경전 · 율문 · 불상 · 보살상 등입니다.

먼저 '양지楊枝'는 버드나무를 쪼개어 이를 닦기 좋도록 만든 것으로, 요즈음의 칫솔에 해당합니다. '조두澡豆'는 콩자루 같은 것으로 옛날에 비누로 사용하였습니다.

'삼의三衣'는 대의大衣 · 중의重衣 · 내의內衣 등 세 가지 옷을 가리킵니다. 대의는 승가리僧伽梨라고도 하는데 외출을 할 때나 궁중에 드나들 때 입었으며, 울다라승鬱多羅僧이라고도 하는 중의는 예불 · 청법 · 독경 · 포살을 할 때, 안타화安陀和 또는 중숙의中宿衣라고도 하는 내의는 작업할 때나 잠을 잘 때 입게 됩니다.

또 '녹수낭漉水囊'은 물을 깨끗하게 거르는 주머니입니다. 마실 물에 들어 있는 먼지 등을 걸러내고, 벌레 등을 죽이지 않기 위해 거르는 것입니다. 그리고 '화수火燧'는 불을 얻기 위해 부싯돌을 쳐서 불을 일어나게 하는 쇳조각이요, '섭자鑷子'는 족집게와 비슷한 것으로 코털을 뽑기 위한 도구이고, '승상繩牀'은 끈으로 얽어 만든 걸상입니다.

그러나 문명이 발달하고 두타행을 하지 않는 오늘날의 승려 생활에는 이와 같은 물건이 거의 필요하지 않게 되었습니다. 하지만 개인 사물에 대해 가져야 할 마음가짐에는 변함이 있어서는 안 됩니다. 값이 비싸고 좋은 도구를 찾기보다는, 수행에 도움이 되는 정도에서 만족해야 한다는 것입니다.

시주에 의해 살아가고 있는 수행인이 외제차, 최고급 승복 등 화려하고 값비싼 것을 좋아해서야 되겠습니까? 그 모두가 빚을 지는 것이라 생각하고, 검소한 도구에 만족할 줄 알아야 할 것입니다.

이제 식사예법으로 넘어갑시다.

3. 식사예법

재식시에는 마시고 씹는 소리를 내지 말며,

수저나 바루를 잡고 놓을 때에도 모름지기 차근차근 조심스럽게 하며 얼굴을 들고 이리저리 돌아보지 말며,

맛있는 음식만 좋아하거나 맛없는 음식을 싫어하지 말고 모름지기 아무 말 없이 먹어야 하며,

쓸데없는 생각을 방호할지니라.

밥을 먹는 것은 오직 몸이 쇠약해지는 것을 막아 도업을 이루기 위한 것임을 알고 반야심경을 생각하되 삼륜이 청정한 것을 관하여

도를 쓰는 데 어기지 말라.

齋食時에 飮綴을 不得作聲하며 執放에 要修安詳하며 不得擧顔顧視하며 不得混厭精麁하고 須默無言說하며 須防護雜念하라. 須知修食이 但遼刑枯하야 爲城道業하고 須念般若心經호대 觀三輪淸淨하야 不違道用이어다.

위의를 갖춘 바루공양

지눌스님은 이 단락을 '재식시齋食時'라는 말로 시작하였습니다. 재식시의 '齋'는 '재계 재齋'로 '몸과 마음을 깨끗이 한다. 부정한 일을 멀리한다. 정성껏 한다. 열심히 불도를 닦는다'는 뜻이 깃들어 있습니다. 그러므로 재식의 뜻은 무척 삼가고 정성을 다해 정진을 위한 음식을 만드는 것을 말합니다.

그리고 원래는 '재계 재齋'자를 쓰지 않고 '가지런할 제齊' 자를 썼습니다. 처음 齊자를 쓴 까닭은 정성껏 만든 음식이라는 뜻보다, 시간을 정확하게 맞추어서 먹는다는 점에 초점을 맞추었기 때문입니다.

부처님께서는 오시(午時 : 낮 11시~1시) 공양을 철저히 지켰습니다. 해가 정중앙에 떠서 가지런하게 되는 오시에 맞추어 공양을 하신 것입니다. 이와 같은 연유에서 처음 '가지런할 齊'로 썼던 것이나 시대가 바뀌면서 '齋'로 쓰게 되었습니다.

우리 불가에서는 조죽오재朝粥午齋라는 말을 즐겨 사용합니다. 아침에는 죽을 먹고, 오시에 먹는 정식 식사를 일컬어 재齋라고 한 것입니다.

또 대중이 함께 모여서 먹는 것을 재회齋會, 아침에 먹는 것을 개재開齋, 낮에 먹는 것을 재식齋食이라 하며, 점심 때가 지나면 재파齋破 또는 재퇴齋退라 하고, 새참은 반재半齋

라고 합니다. 이를 통하여 볼 때 재가 식사를 뜻한다는 것을 분명히 알 수 있을 것입니다.

그런데 지눌스님께서 '재식시'라 한 것은 사찰에서 대중들이 함께 모여 식사하는 바루공양鉢盂供養 때를 지칭하는 것입니다.

바루공양! 이것은 대중생활의 진면목을 보여 주는 가장 중요한 일 가운데 하나입니다. 절 안의 모든 스님들이 함께 모여 행하는 이 바루공양 속에는 '청정淸淨·위엄威嚴·여법如法'의 세 가지 뜻이 담겨져 있으며, 일찍이 스님들의 바루공양하는 모습을 보고 환희심을 낸 이들이 매우 많았습니다.

❀

조선시대 제 7대 왕인 세조는 오대산 상원사로 갔다가, 스님들이 바루공양하는 모습을 보고 환희심이 나서 참석코자 하였습니다. 하지만 스님들은 왕이 앉을 자리를 어디로 정해야 할지를 몰라 한참을 망설였습니다. 그때 탁자 밑에서 문수동자文殊童子가 나타나 세조의 옷깃을 잡아 끌었습니다.

"이 처사님은 여기 앉으시오."

바로 그 자리는 탁자 밑의 가장 말석末席이었습니다. 동자가 정해준 자리에 앉아 기분 좋게 바루공양을 마친 세조대왕은 찬탄을 했습니다.

"삼세위의가 바로 여기에 있었구나〔三世威儀 盡在此中〕."

§

과거 현재 미래에 다 통하는 삼세위의가 되려면 청정하고, 위엄 있고, 여법한 것이 모두 갖추어져야 합니다. 그런데 사찰에서 행하는 바루공양 법도가 이 청정·위엄·여법함을 모두 갖추고 있다는 것입니다.

아무쪼록 이 좋은 바루공양의 전통을 잘 지켜가야 할 것인데, 바루공양을 하고 있는 사찰이 자꾸만 사라지고 있어 애석하기 짝이 없습니다.

공양을 할 때 주의할 점

이제 공양을 할 때 주의할 점에 대해 살펴봅시다. 공양을 할 때 주의해야 할 점을 일일이 열거하면 그 항목이 매우 많아집니다. 그러나 지눌스님은 모든 대중이 반드시 명심해야 할 다섯 가지 사항을 들었습니다.

첫째는 "마시고 씹을 때 소리를 내지 말라"는 것입니다. 왜 소리를 내지 말라고 한 것인가? 그것이 도를 올바로 쓰는 법이기 때문입니다.

나의 어린 시절, 음식을 짜금짜금 소리 내며 먹는다고 은사스님께 호되게 뺨을 한 대 맞은 일이 있었습니다. 그 뒤 절대로 소리를 내며 먹지 않았는데, 처음 출가한 이는 이와 같이 먹는 법부터 철저히 배워야 합니다.

두 번째의 "**수저나 바루를 잡고 놓을 때 차근차근 조심스럽게 하라**"는 것도 첫 번째와 같은 맥락이므로 설명은 생략하겠습니다. 다만 평소 바루공양을 하는 모습 속에 모든 도가 갖추어져 있다는 것을 잊지 말고, 바루공양하는 자세를 모든 행동에 적용시켜 보십시오. 능히 만인을 교화할 수 있습니다. 이것을 우리는 불행佛行, 부처님의 행이라고 합니다. 잘 명심해야 할 것입니다.

세 번째로 지눌스님은 밥을 먹을 때 "**얼굴을 들고 이리저리 돌아보지 말라**"고 하였습니다. 주위를 두리번거리는 것은 마음을 흩뜨리고 있다는 증거가 될 뿐 아니라, 일종의 식탐食貪이기도 합니다.

살림이 가난하고 밥 이외에는 먹을 것이 없었던 시절, 절에서도 공양시간이 되면 밥이 모자라 남의 밥을 넘겨다보기도 하고, 물을 돌리러 간 사이에 다른 스님의 밥을 얼른 한 숟가락 덜어 먹는 일이 간혹은 있었습니다. 배고픈 시절이라 어쩔 수 없었다고 하기보다는, 그러한 여건 속에서도 도를 이루기 위해 모든 것을 참으며 정진하였던 분이 우리네 스님들이었습니다. 어찌 식탐食貪 하나를 이겨내지 못하겠습니까?

그런데 밥 먹을 때 얼굴을 들어 돌아보지 말라는 이 조항에 예외가 되는 사람이 있습니다. 바로 노스님을 시봉하는 사미들입니다. 사미들은 자기가 모시는 스님의 눈치를 잘 살펴야 합니다. 노스님이 공양을 하다가 한 숟가락 정도의 밥을 남기게 되면, 노스님이 눈을 맞추며 젓가락으로 바루를 슬쩍 건드릴 때 사미는 얼른 남은 밥을 덜어 내어 먹어야 합니다. 이와 같이 시봉하는 사미는 스님께서 무엇이 필요한지를 조심스럽게 자주 살펴야 하므로 예외로 삼는 것입니다.

네 번째로 지눌스님은 "맛있는 음식만 좋아하거나 맛없는 음식을 싫어하지 말고 모름지기 아무 말 없이 먹어라"고 하였습니다.

한문 원문에서는 '부득흔염정추不得欣厭精麤'라고 하여 맛있고 맛 없음을 '정추精麤'라는 글자로 표현하였습니다. 곧 정精은 '정밀하다'는 말로써 맛이 좋다는 뜻이고, 추麤는 '거칠다'는 말로써 맛이 없음을 나타내고 있습니다. 그러므로 "정하고 추한 것을 흔염하지 말라"고 번역하지 않고 위와 같이 번역한 것입니다. 곧 맛이 있는 것만 좋아하고 맛이 없는 것을 싫어해서는 안 된다는 가르침입니다. 다시 바꾸어 말하면, 자기에게 주어진 것은 묵묵히 먹으라는 말씀입니다.

다음의 이야기들을 새겨 보십시오. 저절로 마음속에 자리 잡는 것이 있을 것입니다.

예전에 절에서는 다음날 아침 국거리를 씻어서는 큰 광주리에 담아 광에 두거나 이슬을 맞혔습니다. 그러다 보니 밤 사이에 개구리나 달팽이가 기어 들어가는 수가 종종 있었는데, 그것을 모른 채로 그냥 국을 끓이다 보면 나중에 누군가의 국그릇에 그것이 들어가게 마련이었습니다.

　한번은 어린 사미의 국그릇에 개구리가 들어갔습니다. 그러자 사미는 다른 스님들 모르게 살짝 건져내어 무릎 밑에 감추고는 국을 다 먹었습니다.

　그때 도를 통한 조실스님이 보니, 불단 위의 부처님이 오른손으로 어린 사미의 머리를 어루만져 주고 계셨습니다. 이상히 생각하여 공양이 끝난 뒤 어린 사미에게 물었더니, '대중들에게 소란을 끼치지 않기 위해 개구리가 담겨 있던 국을 그대로 먹었다'는 것이었습니다. 조실스님은 사미를 크게 찬탄하였습니다.

※

　다섯 번째로 지눌스님은 "**쓸데없는 생각을 방호**防護**하라**"고 하였습니다.

　공양을 하면서 '이것은 맛이 있다' 또는 '여기에 무엇을 더 넣으면 맛이 좋을 텐데…' 등의 쓸데없는 생각을 하여서는 안 됩니다. 또한 고향 집의 어머니가 해 주던 음식을 생각하는 등의 번뇌망상을 일으켜서도 안 됩니다. 만일 참선을 하는 사람이라면 밥을 먹으면서도 오로지 화두話頭만을 생각하고, 염불승이면 속으로 염불이 계속 이어지도록 해야 합니다.

언제나 방호防護하라! 잡념을 막고 정념正念을 보호해야 한다는 가르침입니다.

불위도용不違道用

"밥을 먹는 것은 오직 몸이 쇠약해지는 것을 막아 도업道業을 이루기 위한 것인 줄 알아야 한다."

지눌스님의 이 말씀은 공양할 때 생각하는 다음의 오관게五觀偈 중에서 두 가지만을 말한 것입니다.

①이 식사가 있기까지 공이 얼마나 들었는가를 관한다〔觀計功多少量彼來處〕.

②나의 덕행이 공양을 받을 만한 것인가를 관한다〔觀忖己德行全缺應供〕.

③마음을 지키고 허물을 여의는 데는 삼독三毒을 없애는 것보다 더 나은 방법이 없음을 관한다〔觀防心離過貪等爲宗〕.

④밥을 먹는 것을 약으로 여겨 몸이 여윔을 방지하는 것으로 족하다는 것을 관한다〔觀正思良藥爲療形枯〕.

⑤도업을 성취하기 위하여 이 공양을 받는 것임을 관한다〔觀爲成道業應受此食〕.

곧 이 다섯 가지 가운데 네 번째와 다섯 번째를 취하여 전체 오관게를 생각하도록 한 것입니다.

진정 출가한 사람은 도업道業을 이루기 위해 음식을 먹는 것이지, 먹기 위해 먹거나 먹고 살기 위해 먹는 것이 아닙니다. 그러므로 배만 고프지 않으면 되었지, 맛있게 먹겠다는 탐착심을 내는 일이 있어서는 결코 안 된다는 것입니다.

나아가 지눌스님은 **"반야심경을 생각하되 삼륜三輪이 청정한 것을 관하여 도를 쓰는 데 어기지 말라"**고 하였습니다.

왜 지눌스님은 『반야심경』을 생각하라고 하였는가? 『반야심경』이 바로 본체의 실상을 잘 관조觀照하면 모든 것이 공空이라는 것을 요약해서 설해 놓은 경전이기 때문입니다. 곧 우주만유의 실체가 공空이요 무無라는 도리, 색色·수受·상想·행行·식識의 5온五蘊이 잠시 모여서 구성된 것을 '나'라고 하며, 이 '나'가 공무空無하다는 것을 분명히 밝힌 경전이 『반야심경』입니다.

공양을 할 때는 이러한 『반야심경』을 생각하면서, 마땅히 모든 것을 비워 버려야 합니다. 무엇을 비워야 하는가? 삼륜三輪을 비우라는 것입니다.

삼륜은 세 가지 수레바퀴로서, 주는 사람〔施者시자〕, 받는 사람〔受者수자〕, 주고 받는 물건〔施物시물〕을 말합니다. 주되 주었다는 생각이 없고 받았으되 받았다는 생각이 없으면 물건 자체도 본래 공한 것이 됩니다. 곧 아끼거나 탐착하는 마음이 남김

없이 사라지면 삼륜이 저절로 공적空寂한 경계에 들어가서 청정을 이루게 되는 것입니다. 이것을 지눌스님은 삼륜청정 三輪淸淨이라 하신 것입니다.

이와 같이 시자·수자·시물이 청정함을 이룰 때 지극한 아름다움이 솟아 오릅니다. 그것은 마치 한 송이의 꽃과도 같습니다. 꽃은 결코 예쁘게 피고자 하는 마음 없이 무심하게 피어납니다無住相無功用. 그렇기 때문에 꽃은 더욱 아름답습니다.

마지막으로 지눌스님은 불위도용不違道用이라 하였습니다.

도를 씀에 있어 어긋나지 않아야 한다.

한마디로 요약하면 도를 닦는 자세를 바루공양할 때와 같이하고, 삼륜청정을 지켜야 한다는 가르침입니다.

불자들은 모름지기 도가 무엇인지를 분명히 알아야 하고, 그 도를 올바로 쓸 줄 알아야 합니다. 비록 매일 있는 공양이지만 삼륜청정의 평등한 마음으로 공양의 도를 올바로 행할 수 있을 때 깨달음은 그와 함께 하는 것입니다.

잊지 마십시오. 식사를 비롯한 불자의 모든 행은 도용道用이 되어야 합니다. 도를 쓰는 삶! 각별히 마음을 모아, 도에 어긋나지 않는 불위도용의 삶을 살도록 다 함께 노력해야 할 것입니다.

나무마하반야바라밀

Ⅲ 예불과 참회

1. 예불하는 법

예불을 하고 기도를 하되 아침저녁으로 부지런히 행하여 스스로 나태함을 꾸짖을 것이요, 대중이 행하는 때를 알아서 어지럽히지 말라.

범패를 하고 축원을 하되 모름지기 뜻을 관하고 단지 소리만 따라 내어서는 안 되며, 곡조를 틀리게 내지 말라.

존경하는 마음으로 부처님의 존안을 우러러 보면서 다른 경계에 끄달려 가지 말지어다.

_{부분수} _{수조모근행} _{자책해태} _{지중행차} _{부득잡란}
赴焚須하되 須朝暮勤行하야 自責懈怠하며 知衆行次하야 不得雜亂하라.
_{찬패축원} _{수송문관의} _{부득단수음성} _{부득운곡불조}
讚唄祝願하되 須誦文觀義언정 不得但隨音聲하고 不得韻曲不調하며
_{첨경존안} _{부득반연이경}
瞻敬尊顔하사와 不得攀緣異境이어다.

부지런히 예불하라

이 장의 주제는 예불禮佛입니다. 그래서 지눌스님은 이 장의 첫머리에서 '부분수赴焚須'라 하였습니다. 부분수의 '赴'

는 드러누워 있다가 벌떡 일어나서 쫓아간다는 뜻이고, '焚'은 태우다, '須'는 닦아 익힌다는 뜻을 지니고 있습니다.

곧 분수焚須는 향을 사르고 촛불을 밝혀 예불과 기도를 올리며 마음을 닦는 일로, 절에 사는 사람이 반드시 해야 할 일입니다.

실로 예불은 불자들에게 있어 가장 중요하고 기본이 되는 수행으로, 올바로 예불하면 도는 자연히 익게 마련입니다. 이를 명심하면서 지눌스님의 가르침을 살펴봅시다.

스님께서는 "**예불을 하고 기도를 하되 아침저녁으로 부지런히 행하여 스스로 나태함을 꾸짖어라**"고 하셨습니다.

옛말에 "종소리를 듣고도 누워서 일어나지 않으면 내생에 뱀의 몸을 받게 된다"고 하였습니다. 초학자는 새벽예불·사시마지·저녁예불의 하루 세 번 행하는 예불에 빠지지 말고 반드시 참석하되, 행여 게으름이 마음 한 구석에 남아 있지 않음을 점검하고 스스로를 꾸짖으며 정성을 다해야 합니다.

재가불자들도 하루에 한 번은 부처님께 절하는 것을 잊지 말아야 합니다. 하루 한 차례 5분향 예불을 올리며 불자의 삶을 축원하는 것이 바람직하며, 최소한 3배는 올려야 합니다.

또 지눌스님께서는 "**대중이 행할 때를 알아서 어지럽히지 말라**"고 하셨습니다. 이는 예불을 봉행할 때의 차례를 잘 익혀 둠으로써 늘 조화와 질서가 유지되도록 해야 한다는 말씀입니다.

　이른 새벽 도량석을 돌고 범종을 울리면, 불전에 촛불을 켜고 향을 사루고 다기茶器를 올리고 난 뒤, 대중이 한 자리에 모여 예불을 봉행합니다. 불보살님의 존안尊顏을 존경하는 마음으로 우러러보면서 곡조에 맞추어 명호를 찬탄하며, 마지막으로 축원문 또는 발원문을 낭독합니다. 이때의 신호는 목탁·요령·광쇠·죽비 등을 사용하게 되는데, 모든 대중은 그 신호에 따라 예배하고 의식문을 독송하게 됩니다.

　오분향예불의 경우, '계향·정향'부터 '옴 바아라 도비야 훔'까지는 집전을 맡은 부전스님만이 외우고 뒤부터는 대중이 함께 외우는데, 이 앞부분을 따라 외우는 이들이 있습니다.

　이렇게 차례를 어기거나 때를 맞추지 못하면 의식은 엉망이 되어 버리고 장엄한 분위기는 일순간에 깨어집니다. 그러므로 "행할 때를 알아서 어지럽히지 말라"고 하신 것입니다.

마음을 모아 예불하라

　또 예불을 할 때는 온 마음으로 글의 뜻을 생각하며 행해야 합니다. 지눌스님이 "범패를 하고 축원을 하되 단지 소리만 따라 내어서는 안 된다"고 하신 것은 바로 이를 가리킨 것입니다.

옛 큰스님들은 예불을 할 때 목탁이나 종을 치지 않고 소리도 내지 않는 묵언범패默言梵唄·묵언축원默言祝願을 많이 하셨습니다. 마음으로 부처와 통하는 것이 진정한 예불이요, 생각은 딴 데 두고 말로만 찬송하거나 몸으로만 절하는 것은 참된 예불이 될 수 없다는 사실에 입각한 것입니다.

범부들에게 있어 이것이 쉽지는 않지만 마음을 하나로 모아 예불해야 함을 잊어서는 안 됩니다. 곧 마음과 마음이 통하는 것이지, 마음이 없는 말이나 행동으로는 통할 수가 없습니다. 영가천도靈駕薦度를 위한 염불에서도 마찬가지입니다. 영가를 천도할 때 염불승이 딴 마음을 가지고 염불하면 영가에게는 딴 소리만 들리게 되고, 따라서 영가를 천도할 수가 없게 됩니다. 한 예를 들어 보겠습니다.

✿

예전에 해인사 승려들은 장경각 뒤쪽의 잣나무에서 잣을 땄습니다. 그런데 잣나무가 워낙 높아 올라갔다가 다시 내려와서 다른 나무로 올라가려면 힘이 들기 때문에 이 나무에서 저 나무로 그냥 건너 뛰는 일이 많았습니다. 그런데 한 학인이 발을 헛디뎌 밑으로 떨어졌는데, 그 밑에 낙엽이 수북이 쌓여 있어 몸은 다치지 않고 죽었습니다.

죽어서 속가의 집으로 갔는데, 집에 들어서자 식구들이 머리가 아프다며 드러누웠습니다. 이상하게 생각하며 서 있는데, 그 동네 할머니가 바가지에 김칫국밥을 풀어서 살살 다가오더니, 머리에 확 덮어 씌우고는 칼을 들이대며 소리쳤습니다.

"네 이놈 객귀야, 어서 나가거라."

깜짝 놀라서 뛰어나오며 그는 소리쳤습니다.

"에잇, 빌어먹을 집. 다시는 안 찾아온다. 중이 된 내가 무엇 때문에 집에 왔나? 더군다나 사람 대접을 이렇게 하는 집에."

그리고는 해인사로 돌아왔는데, 재가 있는지 염불 소리가 들려왔습니다. 하지만 그 소리는 이상하기 짝이 없었습니다. 목탁을 두드리는 사람은 '은행나무 바리때' 뚝딱뚝딱, '은행나무 바리때' 뚝딱뚝딱 하고 있고, 요령을 흔드는 사람은 '제경행상' 딸랑딸랑, '제경행상' 딸랑딸랑 하고 있는 것이었습니다.

참 이상한 염불도 다 한다고 생각하면서 열반당涅槃堂 간병실로 가 보니 자기와 꼭 닮은 사람이 누워 있는 것이었습니다. 그래서 발로 툭 차는 순간 다시 살아났습니다.

다시 살아난 그는 염불하던 친구에게 물었습니다.

"아까 염불할 때 들으니 너는 은행나무 바리때만 찾고 너는 제경행상만 찾던데, 도대체 그것이 무슨 소리냐?"

그러자 은행나무 바리때를 찾은 친구는 죽은 친구를 위해 염불을 하면서 그의 은행나무 바리때를 가질 생각만 했고, 제경행상을 찾던 친구는 그가 가지고 있던 『제경행상諸經行

相』이라는 책을 가질 생각만 하였다는 것입니다.

§

이상의 이야기는 재를 지낼 때 마음으로 하지 않고 입으로 한 경우, 영가가 어떻게 알아채는지를 단적으로 드러낸 이야기입니다. 그러므로 재를 지낼 때 온 마음을 기울여서 해야 합니다.

흔히들 불공이나 천도재를 할 때, 보통 스님 백 명이 하는 것보다 도력 있는 스님 한 분이 하는 것이 낫다는 말을 하는데, 도력 있는 스님의 관상력과 집중력이 그만큼 뛰어나기 때문입니다. 그러므로 도력이 있는 스님은 의식문이나 진언을 외우지 않고 가만히 관만 하며 앉아 있는 것입니다.

부디 예불을 할 때는 마음을 하나로 모아야 합니다. 번뇌 망상을 좇아가지 말고 지심귀명례를 해야 합니다. 지심귀명례를 하면 부처님과 우리가 하나로 합해지고, 하나로 합해지면 아무리 멀리하고자 하여도 불보살의 가피는 '나'의 것이 됩니다. 우리 모두가 마음을 하나로 모아서 예불다운 예불, 법도에 맞는 예불을 행하여야 합니다.

다른 경계에 끄달리지 말라

실로 예불을 올리거나 49재 등을 지낼 때, 다른 경계에 끄달려 망상을 피워서는 안 됩니다. 반드시 정념正念으로 대하여야 합니다. 그래야만 나의 해탈과 중생 제도가 가능합니다. 이를 지눌스님께서는 "**존경하는 마음으로 부처님의 존안을 우러러보면서 다른 경계에 끄달려 가지 말라**"고 표현하였습니다.

중생은 망념妄念과 탐貪·진瞋·치癡에 눈이 가려져 있는 존재입니다. 따라서 모든 것의 있는 그대로를 보지 못합니다. 오목렌즈와 볼록렌즈가 마주치면 피사체가 반대로 보이는 현상이 나타나듯이, 망념으로 사물을 대하면 거꾸로 보이게 마련입니다. 원래 볼록한 눈을 오목한 욕심이 자꾸 잡아당기면, 그 눈에는 전혀 다른 모습이 나타나게 되는 것입니다.

그러므로 예불을 할 때는 조그마한 잡념도 일으키지 말고 의식문의 뜻에 마음을 모으면서 행해야 합니다. 잿밥에 마음을 쏟는 것이 아니라 부처님과 구제를 받아야 할 이와 예불하는 내가 하나가 될 수 있도록 해야 합니다.

만일 잿밥에 마음을 기울이면서 예불을 올리거나 재를 지내준다면, 이것은 이미 출가인의 본분을 잃은 예불이 될 뿐 아니라, 업장만을 더 쌓는 결과를 초래합니다. 우리가 만일 그 과보를 생각한다면 조그마한 일 하나라도 소홀히 할 수 없을 것입니다.

❀

조선 중기, 동래 범어사梵魚寺에는 명학明學동지이라는 스님이 살았는데, 어느 날 푸른 용이 물 속에서 나와 범어사의 보제루普濟樓 기둥을 타고 올라가는 꿈을 꾸었습니다. '이상한 꿈도 꾸었다' 생각하고 보제루에 가보니, 웬 거지아이가 거적때기를 덮고 기둥 밑에서 자고 있었습니다. 아이를 깨워 데리고 와서 씻겨 놓고 보니 생긴 모습이 범상치 않아 제자로 삼았습니다.

명학스님은 아이의 법명을 영원靈源이라 지어주고 『초발심자경문』을 가르쳤는데, 영원은 열심히 배우다가 자경문自警文의 마지막 게송에 이르러 말했습니다.

"스님, '금생에 이 말대로 하지 않으면 후세에는 반드시 크게 한탄하리라〔今生若不從斯語 後世當然恨萬端〕' 하였습니다. 저는 이 글대로 도를 닦으러 가겠습니다."

"안 된다. 가려거든 너를 키워준 것만큼 보답하고 가거라."

명학동지가 못 가게 하자 영원스님은 몰래 도망을 쳐서 금강산으로 들어갔습니다. 거기서 열심히 도를 닦아 깨친 어느 날 "범어사 명학스님을 잡아들여라"는 염라대왕의 소리가 들려 왔습니다.

'아, 우리 스님 가실 날이 얼마 남지 않았구나.'

영원스님은 금강산에서 범어사까지 날아가 명학스님께 말했습니다.

"스님, 급합니다. 저를 따라 나오십시오."

1. 예불하는 법 133

영원스님은 명학동지를 데리고 뒷산으로 올라가 한 바윗돌 앞에서 말했습니다.

"여기 사는 담당스님 나오시오."

그러자 시퍼런 구렁이 한 마리가 기어 나왔습니다.

또 다른 바윗돌 앞에 가서 "낙운스님 나오시오" 하니, 누런 구렁이가 쓱 기어 나왔습니다.

"스님, 이것이 욕심 많았던 범어사 스님들의 후신입니다."

그렇게 하기를 수십 번, 이번에는 한 돌 앞에 이르러 "여기 누구 계시오?" 하며 여러 번 불렀으나 그 무엇도 나오지 않자, 명학스님은 돌아보며 말했습니다.

"여기가 바로 스님 자리입니다."

온몸에 소름이 돋은 명학스님이 소리쳤습니다.

"나는 안 들어갈란다!"

"스님, 들어가기 싫으시면 저를 따라 공부하러 가셔야 합니다."

"그래 그래, 가자."

그날 저녁 명학스님은 돈고방·쌀고방·무명베고방·삼고방 등을 단단히 잠근 다음, 사람들한테 잘 보살펴 달라고 신신당부하고 상좌를 따라 나섰습니다. 상좌는 뒤주재를 넘어가면서 스님께 말하였습니다.

"스님, 고개를 다 넘을 때까지는 절대로 뒤를 돌아보지 마십시오."

상좌의 말을 꼭 지키겠다고 약속하였지만, 재물에 대한 미련이 너무 강하여 고개를 거의 다 넘어가서 뒤를 돌아다 보았습니다. 그런데 자기의 쌀고방이 불에 훨훨 타고 있는 것이었습니다.

"아이고, 내 쌀고방이 불탄다."

명학스님은 소리를 지르며 뛰어 내려갔습니다.

"스님, 불이 아닙니다. 가지 마십시오!"

영원스님이 아무리 소리쳐도 명학스님은 듣지 않고 허겁지겁 달려갔는데, 그것은 진짜 불이 아니라 마음에 일어난 욕심의 불이었습니다. 때가 아니라고 느낀 영원스님은 다시 금강산으로 돌아갔습니다. 그로부터 10일 후, 영원스님이 앉아 있으니 '명학동지를 잡아들였다'는 소리가 들려왔습니다. 영원스님이 신통력으로 범어사로 내려와 보니 진짜 상좌, 가짜 상좌 등 온갖 사람이 모여들어 장사를 지낼 준비를 하느라 법석을 떨고 있었습니다.

"스님께서 배가 고프시니 큰 솥에 흰 죽이나 끓이시오."

흰 죽을 쑤어서 앞마당에 놓아 두라고 한 뒤, 영원스님은 뒷산으로 올라가 지난번에 명학동지가 들어갈 곳이라고 한 돌 앞에 이르러 정중하게 말했습니다.

"스님, 나오십시오."

흰 구렁이가 기어나오자 영원스님은 보제루 마당으로 데리고 와서 흰 죽을 먹게 하니, 그 많은 죽을 하나도 남기지 않고 다 먹었습니다.

"이제 배불리 먹었으니 무쇠 그릇에 머리를 찧고 죽으십시오."

그러나 구렁이는 눈물을 뚝뚝 떨구며 그냥 있었습니다.

"그 몸뚱이가 어디 좋은 구석이 있다고 눈물을 흘리며 우물쭈물대느냐!"

영원스님이 호통을 치자 구렁이는 무쇠 그릇에 머리를 세 번 찍고는 벌벌 떨다 죽었습니다. 죽는 순간, 그 머리에서 파랑새 한 머리가 튀어나와 금정산을 넘어가자, 영원스님은 파랑새를 쫓아갔습니다. 돼지우리 · 마구간 등 수십 번이나 좋지 않은 곳으로 들어가려는 파랑새를 인도하여 금강산 밑에까지 왔습니다.

마침 그곳에는 사십이 넘은 가난한 부부가 아직 아이를 갖지 못한 채 살고 있었는데, 파랑새가 그 집으로 쑥 들어갔습니다. 영원스님은 조금 있다가 인기척을 내고 들어가 당부했습니다.

"열 달 후가 되면 사내아이가 태어날 것이오. 그 아이는 당신 부부의 몸만 빌렸을 뿐 이 집 아이가 아니니, 세 살까지만 기르다가 나를 주시오."

"정말 아이가 태어난다면 그렇게 하리다."

열 달 후 스님의 말대로 사내아이가 태어났고, 중년의 부부는 어찌나 좋은지 세월 가는 줄도 모르고 살았습니다. 그런데 영원스님이 나타났습니다.

"3년 전에 약속한 대로 아이를 주시지요."

부부가 주려하지 않자 아이에게 물어보라고 하였고, 아이는 스님을 따라가겠다고 했습니다.

너무 놀란 부부가 안 된다며 아이의 앞을 가로막자, 스님은 못 이긴 듯 그냥 돌아서서 산모퉁이를 돌아갔고, 별안간 아이의 숨이 곧 넘어갈 듯이 자지러졌습니다. 그러자 부부는 황급히 스님을 불러 데리고 갈 것을 허락했습니다.

영원스님은 아이를 데리고 금강산으로 와서, 방 안에 들어가게 한 뒤 밖에서 문을 잠그고, 바늘로 방문에 구멍을 뚫어 놓고는 말했습니다.

"이 구멍을 일심一心으로 들여다 보아라. 그러면 황소가 한 마리 나타날 것이다. 그런데 황소가 들어오는 것을 그냥 놓아 두었다가는 뿔에 받혀 죽을 터이니, 뿔을 두 손으로 꽉 잡고 나를 부르거라."

그날부터 그 아이는 영원스님이 시키는 대로 밥 먹을 때 외에는 그 구멍만 들여다 보았습니다. 그런데 여러 날이 지나가자 스님이 말한 대로 황소 한 마리가 그 작은 구멍으로 들어오는 것이었습니다. 아이는 황소의 뿔을 꽉 붙잡고 소리를 질렀습니다.

"스님!"

바로 그 순간, 아이는 확철대오하였습니다.

'아하, 알고 보니 스님이 바로 내 상좌였구나.'

⸸

　영원스님이 스승인 명학스님을 제도하기 위해 조금도 마음을 늦추지 않고 쉬임 없이 노력하였듯이, 예불하는 이는 지극정성으로 임해야 합니다. 만일 예불보다 잿밥에 더 관심을 기울인다면, 그 결과는 구렁이 몸을 이루었던 명학스님과 조금도 다를 바가 없이 될 것입니다. 또 구렁이 몸을 벗은 후에도 돼지우리가 큰 기와집으로 보이거나 마구간이 고대광실高臺廣室로 보여 들어가려 했던 것과 똑같은 업보를 받게 될 것입니다.

　모름지기 예불을 올릴 때는 다른 경계에 끄달리지 말고 바른 생각을 갖고 일심으로 임하십시오. 그렇게만 하면 돼지우리를 큰 기와집으로 보고 들어가려 하다가도 어디선가 들려오는 염불소리, 곧 자기가 살아생전에 했던 그 염불소리로 인해 깨어남을 얻어서 좋은 세계로 나아갈 수 있게 됩니다.

　모두가 나를 위하고 중생을 위하는 말씀이니, 잘 명심하여 정념正念으로 살아갑시다. 부처님을 우러러보며 부처님을 마음에 담으면 차츰차츰 부처님 곁으로 다가갈 수 있게 되나니, 이것이 참불자의 길이 아니겠습니까!

2. 참회懺悔하라

모름지기 자신의 죄와 업장이 산과 같고 바다와 같은 줄을 알아서, 마땅히 이참理懺과 사참事懺으로 죄업을 녹여 없앨 줄 알아야 하느니라.

須知^{수지}自身罪障^{자신죄장}이 猶如山海^{유여산해}하야 須知理懺事懺^{수지이참사참}으로 可以消除^{가이소제}하라.

죄장罪障

지눌스님은 먼저, "자신의 죄와 업장이 산과 같고 바다와 같은 줄을 알아야 한다"고 하였습니다. 흔히 사람들은 "나는 죄가 없다", "나는 죄를 짓지 않았다"고 하지만, 자세히 관찰해 보면 금생에 이 몸으로 지은 죄만 하여도 한량이 없습니다.

내가 부산 감로사甘露寺에 있을 때, 한 노인이 할 일 없이 절에 올라와 말을 걸었습니다.

"참 알 수가 없단 말이야. 스님들은 고기도 안 먹고 어떻게 사는지….."

"처사님은 고기를 얼마나 드시오?"

"사흘에 닭 한 마리, 소주 한 병을 먹지 않고는 살 수가 없습지요."

이어서 노인은 말했습니다.

"언제부터인지 모르지만 그렇게 먹지 않으면 어지럽고 힘이 들어 견딜 수가 없습니다."

그 말을 듣고 헤아려 보니 한 달이면 10마리, 1년이면 120마리…. 평생토록 먹고 버린 뼈만 쌓아 놓아도 웬만한 언덕 하나는 될 것 같았습니다.

8

평생토록 몸(身)과 입(口)과 뜻(意)의 삼업三業으로 알게 모르게 지은 죄를 누가 감히 적다고 할 수 있겠습니까? 공연히 드러누워 있다가, 단지 싫다는 감정 때문에 그 어떤 사람이 죽었으면 하는 생각을 일으키기도 하고, 무심코 내뱉은 말 한마디로 상대방의 가슴에 못을 박기도 합니다.

결국 사람이 살다 보면 입으로 짓는 업(口業)도 한량이 없게 되고, 몸으로 짓는 업(身業)도 한량이 없게 됩니다. 더군다나 생각으로 짓는 업(意業)은 헤아릴 수 없을 만큼 많습니다.

이렇듯 현생에 짓는 죄업만 하여도 산이나 바다와 같은

데, 하물며 전생의 죄업까지 더해 보십시오. 그야말로 '한량 없고 가없는〔無量無邊(무량무변)〕죄업'이라 하지 않을 수 없습니다.

현재의 삶에 미치는 전생과 현생의 업력業力을 심령과학에서는 5:5로 보고 있습니다. 그러나 내가 보기에는 전생에 지은 죄가 8할이요 현생에 지은 죄는 2할에 불과한 듯합니다. 경우에 따라서는 9:1, 어떤 경우에는 전부가 전생의 업을 따라 이생이 돌아가는 경우도 있습니다.

승려 사회를 보더라도 전생에 중노릇하던 사람은 금생에 아내가 없고, 전생에 아들딸을 낳고 살았던 사람은 중이 되었더라도 끝까지 중노릇을 하기가 어렵습니다. 환속하여 자식을 낳고 다시 승려가 되는 사람이 있는가 하면, 절로 돌아오지 못하는 사람도 허다합니다.

❁

예전에 오대산에서 나와 함께 공부하던 스님은 산을 찾은 여학생과 눈이 맞아 환속을 했습니다. 나이 40 가까이 되어서 아이를 셋이나 두었는데, 소장수하던 아내가 빚을 지고 도망쳐 버렸습니다. 다시 만났을 때 고생에 찌들린 그는 몹시 여위어 있었는데, 혼자서 아이들 밥해 먹이고 학교 보내려니 죽을 지경이라는 하소연과 함께 말했습니다.

"전에 절에서 살 때는 몰랐는데, 사바세계가 고해라는 것을 이제야 알겠습니다."

바로 이것이 과거의 업장業障으로 인해 올바로 중노릇을 못하고 끄달려 사는 경우입니다.

다생다겁多生多劫, 우리가 지은 업장이 그 얼마나 많겠습니까? 무량무변, 그야말로 한량없고 가없는 업을 지어 오늘에 이르른 것이며, 지눌스님께서 "지은 죄장이 산과 같고 바다와 같다"고 하신 것은 바로 이를 두고 하신 말씀입니다.

그렇다면 이러한 죄는 어디에서 비롯되는 것인가? 바로 우리의 탐욕과 습관에 의해 생겨난다는 것을 분명히 알아야 합니다. 어느 누구인들 죄가 되는 줄 모르고 큰 죄를 짓는 사람이 있겠습니까? 마치 살구 기름을 좋아하는 여우처럼 탐욕과 습관을 극복하지 못해 죄를 저지르게 되는 것입니다.

❀

여우가 제일 좋아하는 것은 살구 기름입니다. 이 때문에 여우를 잡는 사냥꾼은 살구 기름에다 독약인 비상을 섞어 여우가 다니는 길 위에 놓아 둡니다. 그러나 꾀많은 여우는 쉽게 속지 않습니다.

"아, 내가 좋아하는 살구 기름! 그렇지만 먹지 말아야지. 틀림없이 비상이 들어 있을 테니까. 나의 부모와 형님들을 죽게 만든 이 살구 기름! 나는 절대로 먹지 않아!"

강한 결심과 함께 그 자리를 벗어나지만 너무나 먹고 싶어 돌아보고 또 돌아보고….

"먹지는 말자. 그러나 보는 것만은 어떠리."

이렇게 생각하고 다시 살구 기름 있는 곳으로 돌아와 냄새를 맡으니, 속이 동하여 더욱 먹고 싶어지는 것이었습니다.

"먹지는 말고 혀끝으로 맛만 보자."

그러나 일단 맛을 보자 그 맛 앞에서는 죽음의 그림자까지 사라지는 듯했습니다.

"조금만 먹으면 죽지 않겠지."

"아, 맛있다. 조금만 더, 조금만 더."

"아휴, 벌써 반 이상 먹었네. 죽든지 말든지 실컷 먹고 보자. 아, 맛있는 살구 기름!"

마침내 여우는 피를 토하며 죽게 되는 것입니다.

§

이 여우처럼 탐욕과 습관의 결박에 사로잡혀 끊임없이 죄업을 쌓으며 죽어가는 존재가 중생입니다.

그렇다면 어떻게 하여야만 이 죄업을 녹여 없앨 수 있는가? 오직 스스로 참회하는 수밖에 없습니다. 이제라도 합장하고 지극한 마음으로 참회한다면 모든 번뇌망상은 구름 걷히듯 사라지게 됩니다. 이제 참회에 대해 알아봅시다.

이참理懺

참회懺悔는 과거의 잘못을 뉘우치고 용서를 구하는 일입

니다. 참회의 '懺'은 범어 크샤마kṣama의 음역인 참마懺摩를 줄인 말이고, '悔'는 범어 크샤마를 뜻으로 번역한 말입니다. 곧 크샤마는 '용서를 빈다', '뉘우친다', '인忍'의 뜻을 가진 말로써, 오늘날까지 인도에서 미안하다는 말을 '크샤미아탐(kṣamyatām, 내가 범한 죄를 참고 견디어 달라)'이라고 하는 것을 생각하면 참회라는 단어 속에 담긴 뜻을 잘 파악할 수 있을 것입니다.

불교의 여러 가지 참회법 가운데 가장 대표적인 것은 이참법理懺法과 사참법事懺法입니다. 먼저 이참법부터 살펴봅시다.

이참은 죄업의 진실한 모습이 어떠한 것인가를 관찰하여 참회를 이루는 것으로, 달리 관찰실상참회觀察實相懺悔라고도 합니다.

대승불교의 유식사상가들은 '오직 마음뿐〔唯識, 唯心〕'이라는 말을 많이 하였습니다. 그들은 과거와 현재에 지은 모든 죄업이 모두 마음에서 일어난 것일 뿐, 마음 밖의 것은 하나도 없다고 주장하고 있습니다.

이 유식에다 반야般若의 공사상空思想을 더하여, 자심自心이 그 어느 때에도 때 묻지 않고 고요히 비어 있는 것〔空寂〕인 줄을 알게 되면 그 어떤 죄업도 자취를 잃게 됩니다. 곧 본래의 마음바탕에서 보면 죄상罪相 또한 공적空寂에 불과하다는 것입니다. 이와 같은 입장에서 죄업의 실상을 관찰하여 죄를 소멸시키는 것을 이참이라고 합니다.

 진정 죄란 어디서 생겨난 것인가? 오직 중생의 번뇌망상에서 생겨난 것입니다. 자성自性이 없는 죄가 번뇌망상의 마음으로부터 일어났다는 이야기입니다. 따라서 번뇌망상의 마음이 없어지면 죄 또한 없어집니다. 마음이 무상無相임을 관하면 죄 또한 남아 있을 수가 없습니다. 죄가 없어지고 번뇌망상의 마음이 없어지면 이참, 곧 진짜 참회가 이루어지는 것입니다. 예를 하나 들겠습니다.

❀

 부처님 당시에 두 비구가 산속에서 수행을 하고 있었습니다. 어느 날 한 비구의 누이동생이 오빠를 찾아왔을 때, 마침 오빠는 출타를 하고 다른 한 비구만이 암자를 지키고 있었습니다.

 평소 그 비구를 남몰래 사모하였던 누이는 이 절호의 기회를 이용하여 한껏 유혹함으로써 그 비구를 파계시켰습니다. 모든 일이 끝난 다음 비구는 자신이 파계승이 된 것을 깨닫고 통곡하였습니다. 여인은 살그머니 도망을 쳐 버리고….

 출타를 했다가 돌아온 오빠는 전후 사정을 모두 듣고 격분하여 누이동생을 찾아 나섰습니다. 청정 비구를 파계시킨 그녀를 용서할 수 없다는 것이었습니다. 마침 절벽 위의 바위에 앉아 쉬고 있던 그녀는 살기등등한 모습으로 달려드는 오빠가 무서워 뒷걸음질을 치다가 절벽 아래로 떨어져 죽고 말았습니다.

이리하여 한 비구는 음계淫戒를, 한 비구는 살계殺戒를 범하고 말았습니다. 두 비구는 땅을 치며 잘못을 한탄하다가, 어떻게든 참회할 방법을 찾기 위해 대율사인 우바리 존자를 찾아갔습니다.

"쯧쯧, 너희 둘은 사바라이四波羅夷(교단에서 축출당하고 죽어서는 지옥에 떨어지는 죄)가운데 하나씩을 범하였다. 바라이죄를 범한 것은 나락씨를 뜨거운 물에 푹 담갔다가 꺼낸 것과 같다. 이제 너희는 보리菩提의 종자를 완전히 삶아 버렸으니, 무상대도無上大道를 이룰 생각은 하지도 말아라."

"어쩌다가 이런 죄인이 되었나. 무간지옥은 못 면하겠구나."

둘이 한탄을 하며 바위에 머리를 찧고 있을 때, 동방아촉불의 후신이라는 유마거사維摩居士가 나타났습니다.

"어허, 젊은 스님네들이 무슨 일로 스스로를 자책을 하고 있는가?"

두 승려는 유마거사께 자초지종을 상세히 아뢴 다음 여쭈었습니다.

"이제 보리의 종자를 다 삶아 버렸으니 어찌하면 좋습니까?"

"그렇다면 분명 큰 죄를 지은 것이오. 어디 한 번 봅시다.

그 죄가 어떻게 생긴 것인지를!"

그러고서는 손바닥을 내미는데, 그 순간 두 비구는 죄무자성罪無自性의 도리를 깨닫고 대오大悟하였습니다. 그때 유마거사는 한 수의 게송을 지어 그들의 참회를 인정하였습니다.

자성 없는 죄는 마음을 좇아 일어나니
마음이 없어지면 죄도 따라 없어진다
죄와 마음 둘 다 공함 체득하게 되면
이것을 참된 참회라고 이름하느니라

　罪無自性從心起　　죄무자성종심기
　心若滅是罪亦忘　　심약멸시죄역망
　罪忘心滅兩俱空　　죄망심멸양구공
　是卽名爲眞懺悔　　시즉명위진참회

이것이 바로 부사의해탈不思議解脫, 감히 생각으로서는 헤아릴 수 없는 해탈입니다. 그리고 이렇게 이치로 참회하는 것을 이참이라고 합니다.

업장은 마치 본래 맑고 깨끗한 거울에 먼지가 끼어서 아무것도 안 비치는 것과 같습니다. 그런데 먼지만 닦아 내면 모든 것이 환히 다 드러나게 됩니다. 『금강삼매경金剛三昧經』에서 "어떻게 하는 것을 참회라 하나이까?" 하고 아난존자가 여쭈었을 때 부처님께서는 이렇게 대답하셨습니다.

2. 참회懺悔하라　147

"진실관眞實觀에 들 때 모든 죄는 사라진다."

죄업을 참회하고자 하는 중생이 진리의 실상을 관찰할 수 있게 되면, 이참이 올바르게 이루어져서 죄가 없어지고, 죄가 없어지면 복이 생기고, 복이 쌓이면 마음이 신령스러워지는 것입니다.

사참事懺

사참事懺은 수사분별참회隨事分別懺悔의 약칭입니다. 곧 일을 따라 분별하여 참회하는 것으로, 몸으로 부처님께 예배를 드리고, 입으로 부처님의 명호나 찬탄의 게송을 외우고, 마음으로 성스러운 모습을 그리면서 과거와 현재에 지은 바 업장을 참회하는 것입니다.

또한 구체적인 방법으로는 108예배나 3천배, 독경讀經·사경寫經·염불念佛 등을 통하여 참회를 하며, 이들은 뚜렷한 근거를 지닌 참회법입니다.

가령 108예배는 108번뇌를 일으켜서 지은 모든 죄를 소멸시키는 참회법으로, 108번뇌로 지은 죄업을 녹이고 108번뇌를 잠재우기 위해 108예배를 드리면서 참회하는 것입니다.

또 3천배를 하는 것은 과거 장엄겁莊嚴劫의 천불千佛, 현재 현겁賢劫의 천불, 미래 성숙겁星宿劫의 천불께 각각 예불을 드리는 것입니다.

그리고 독경과 사경참회는 부처님의 가르침을 새겨 스스로를 맑힘과 동시에, 경전 자체의 정화력과 호법신장의 서원력이 함께 더하여져서 참회를 이루는 것입니다.

사참 중 가장 쉬운 참회법은 관세음보살이나 석가모니불을 부르면서 행하는 칭명염불기도稱名念佛祈禱입니다. 이는 부처님이나 보살이 보살행을 닦을 때 세운 원願과 깊이 연관되어 있는 것으로, 부처님의 밝은 이름을 일념으로 외우면 모든 죄업이 남김없이 소멸되고 청정하게 된다는 것입니다.

그런데 부처님께 절하고 기도하는 것만 사참인 것은 아닙니다. 대중을 기쁘게 하고 즐겁게 하며, 정성껏 청소하고 대중을 뒷바라지하는 것도 사참입니다.

비구 250계 전체를 일곱 가지 유형으로 분류할 때 두 번째 중한 계에 속하는 13가지 승잔죄僧殘罪(saṃghādiśeṣa)가 있는데, 이 죄를 범하면 대중의 뜻을 기쁘게 해주기 위해 대중이 해야 할 일을 대신하고 스님들의 신발도 닦아 줍니다. 이와 같이 정성스럽게 행한 결과 대중들이 회개의 정이 충분하다고 느끼면 죄를 없었던 것으로 하고 풀어주는 것입니다.

이것은 승잔죄를 예로 든 것이지만, 대중을 위하여 봉사하고 대중에게 기쁨을 주는 것 또한 사참이라는 것을 분명히 알아야 합니다.

그러나 가장 중한 죄, 예컨대 살인 등의 죄를 지었을 때는 참회를 하되 반드시 서상瑞相을 보아야 합니다. 한마디로 명훈가피冥熏加被 · 현증가피顯證加被 · 몽중가피夢中加被 중 하나를 받아야 하는 것으로, 그와 같은 예는 많이 있습니다.

❁

경상북도 울진에는 불영사佛影寺라는 절이 있습니다. 절 앞에 있는 연못에 저쪽 산 바윗돌 위에 서 계신 부처님의 모습이 비친다 하여 그림자 '영'자를 쓰지만, 또 다른 한편으로 이 절에서 신령스런 영험이 있었다고 하여 신령스러울 영靈자를 써서 불영사佛靈寺라고도 합니다. 그 신령스런 영험담은 다음과 같습니다.

옛날 백극재白克齋는 울진현령으로 부임한 지 3개월만에 급병을 얻어 횡사를 하였습니다. 비통함을 이기지 못한 그의 부인은 몸이 채 식지 않은 남편의 시신을 불영사 법당 앞으로 옮겨 식음을 전폐한 채 칠일 낮밤으로 기도를 하였습니다.

"일월日月의 광명이 사사로움 없이 널리 비추는 듯하지만, 높은 산을 먼저 비추고 맑은 물에 먼저 나타납니다. 부처님의 대자대비하심은 인연 없는 중생까지도 마치 홀어머니가 외아들 생각하듯 하시겠지만, 신심 있는 자에게 먼저 이를 것이요 인연 있는 중생에게 먼저 미치지 않겠습니까? 부디 저의 남편을 살려주옵소서."

군수의 부인은 지극히 간절한 마음으로 낮밤을 잊고 7일 동안 기도를 올렸습니다. 그러다가 마지막 날, 자신도 모르는 사이에 깜빡 잠이 들었는데, 꿈속에서 붉은 머리를 산발한 여자가 남편의 몸에서 툭 나오더니 불쾌한 얼굴로 소리쳤습니다.

"에잇, 지독하다, 지독해."

그녀는 시신에다 침을 뱉고는 솟구쳐 날아갔습니다. 깜짝 놀라 깨어나서 보니 죽었던 남편이 부시시 눈을 뜨는 것이었습니다. 기쁨을 이기지 못한 그들 부부는 다시 살아난 그 자리에 환생전還生殿을 짓고, 『법화경』 7권을 금자金字로 사경寫經하여 부처님 은혜에 보답하였습니다.

֍

이문명李文命의 「환생전기還生殿記」에 기록되어 있는 이 이야기는 참회가피의 대표적인 예입니다.

그 누구든지 마땅히 녹여 없애야 할 〔消除〕죄가 있다면 오로지 지극정성으로 참회하십시오. 죄를 멸하여 복이 이르면 신령스러움이 나타나게 마련입니다. 마치 파도가 없어지면 물이 고요해지고 고요한 물에는 하늘의 달이 그대로 비치는 것과 같으며, 먼지가 가득한 거울에는 사물이 제대로 비치지 않지만 먼지만 닦아내면 밝은 형상이 그대로 나타나는 것과 같습니다.

이참이나 사참을 통하여 마음의 때를 싹 씻어낼 것 같으면, 내 몸과 마음은 저절로 청정해질 뿐만 아니라 시방 중생의 원각圓覺까지 그대로 청정해집니다. 이것을 일러 지눌스님은 '소제消除'라고 하신 것입니다.

　우리 모두 올바른 소제가 될 수 있는 진참회眞懺悔를 통하여, 죄와 악업의 결박에서 벗어난 대자재大自在의 삶을 살아갑시다.

3. 기도 가피 얻는 법

예배하는 나와 예배받는 부처님이 다 같이 진성眞性에 연기緣起하는 줄을 깊이 관하면 감응이 헛되지 아니하리니, 그림자나 메아리가 서로 따르는 것과 같음을 깊이 믿을지니라.
深觀能禮所禮가 皆從眞性緣起하며 深信感應이 不虛하야 影響相從
이니라.

진성연기眞性緣起

지눌스님은 이 장의 첫머리에서 "깊이 관찰하라〔深觀〕"고 하셨습니다. 심관深觀은 바로 깊이깊이 생각해 보라는 뜻입니다. 눈으로 보는 것이 아니라, 관자재보살처럼 마음으로 보고 마음으로 생각하여야 합니다.

그렇다면 무엇을 마음으로 관해야 하는가? 예배하는 나〔能禮〕와 예배 받는 부처님〔所禮〕이 다 진성의 인연을 좇아 일어난 것〔眞性緣起〕임을 깊이 관찰할 줄 알아야 한다는 것입니다.

능례能禮와 소례所禮에서 능能은 주체요, 소所는 대상을 가리킵니다. 곧 능례는 절하는 사람을, 소례는 그 절을 받는 대상을 가리킵니다.

중생의 분별세계에서는 능과 소가 언제나 붙어 다니게 마련입니다. 모든 일이 다 그러하듯이 '나'라고 하는 것도 '너'가 있기 때문에 나가 있는 것이지, 너가 없으면 나라는 존재도 있을 수 없습니다. 선악善惡도 마찬가지요 사랑〔愛〕과 미움〔憎〕도 마찬가지입니다.

그러나 이 모든 상대적인 것이 결코 두 몸을 가지고 있거나 다른 뿌리를 가지고 있는 것이 아닙니다. 손바닥의 앞뒷면처럼 항상 함께합니다.

대부분의 불자들은 예배를 하는 이와 예배를 받는 이가 따로 존재한다고 생각합니다. 하지만 아닙니다. 이 둘은 둘이 아닌 불이不二의 관계에 놓여 있습니다.

그렇다면 그것은 무엇에 의지하여 손바닥의 앞뒷면처럼 존재하게 되는가? 지눌스님은 그것을 '진성眞性'이라 표현하였습니다. 참된 성품! 그런데 지눌스님은 진성 뒤에 연기緣起라는 단어를 붙여 진성연기眞性緣起라 하였습니다.

연기는 인연소기因緣所起의 준말입니다. 혼자서 존재할 수 있는 것이 아니라 인因과 연緣이 만날 때 비로소 생겨나게 되는 것이라는 뜻입니다.

진성은 특별한 모습이나 실체가 없지만 인연이 화합하면

갖가지 작용을 일으키게 마련입니다. 곧 기도를 제대로 하면 기도하는 나와 기도의 대상이 되는 부처님의 진성에서 묘한 힘이 흘러나와 기도를 이루게 하는 것일 뿐, 다른 특별한 존재가 있어서 감응을 하는 것은 아닙니다. 이것을 분명히 알아야 합니다.

그렇다면 진성眞性이란 무엇인가?

사람들이 흔히들 일컫는 '참 마음자리'가 진성입니다. 그리고 이 마음자리로부터 연려심緣慮心 · 육단심肉團心 · 진여심眞如心이 분출됩니다.

이 중 연려심은 평소에 갖게 되는 여러 가지 생각들을 가리키며, 육단심은 순간적으로 힘을 일으키는 것으로, 보통 때는 일어나지 않다가 욕심이 일면 생기는 마음입니다. 옛말에 "욕심으로 하는 일은 보통 때보다 다섯 배의 힘이 생긴다〔欲力五重培〕"고 하였으니, 이 마음도 가끔은 필요할 때가 있습니다.

어떤 사람은 집에 불이 나자 자기 키를 훨씬 넘는 장단지를 번쩍 들고 나왔습니다. 나중에 아무리 생각해도 어디서 그런 힘이 나왔는지를 알 수가 없었다고 합니다. 그것이 바로 육단심입니다.

그리고 진여심은 평소에는 느낄 수 없지만, 특별한 경우 우리의 마음 깊은 곳에서 우러나오는 힘으로, 이를 세속에서는 '사력死力'이라고들 합니다. "죽을 힘을 다하면 열 배의 힘이 생긴다(死力十重培)"는 말은 바로 이 진여심과 관련되어 있습니다. 한 편의 실화를 통하여 이 진여심의 면모를 살펴봅시다.

❀

활을 잘 쏘는 사람이 밤길을 가다가 호랑이를 만났습니다. 그는 "이놈의 호랑이" 하고는 시윗줄을 당겨 활을 쏘았습니다.

'팍' 하고 꽂히는 소리가 들려 정통으로 맞춘 줄 알았는데, 어찌 된 영문인지 화살을 맞은 호랑이가 꿈쩍도 하지 않았습니다.

그는 다시 화살을 날려 정통으로 맞혔지만 이번에도 쓰러져야 할 호랑이는 그대로 앉아 있는 것이었습니다. 그래서 다시 활시위를 당겨 모두 세 방을 정통으로 맞혔는데도 전혀 움직이지를 않았습니다.

'거 참 이상하다'는 생각과 함께 주위를 둘러보니 사방은 칠흑같이 어두웠고, 별안간 무서운 생각이 들자 '걸음아, 날 살려라' 하면서 집으로 뛰었습니다.

그 다음날 손에 몽둥이를 든 동네 사람들을 이끌고 그곳으로 가서 보니, 마땅히 죽어 있어야 할 호랑이는 간 곳이 없고 호랑이를 꼭 닮은 바윗돌이 그 자리에 있었습니다. 그리고 어젯밤 자기가 쏜 화살 세 개가 바위에 박혀 있는 것이었습니다.

"야, 참으로 이상하다. 어제저녁 바위를 호랑이로 본 것은 내가 잘못 보았다고 치더라도, 어떻게 화살이 저 바위에 박혔을까? 내 힘이 이토록 세단 말인가?"

그리고는 어제처럼 다시 화살을 쏘아 보았습니다. 그러나 화살이 바위에 박히기는커녕, 바위에 부딪히는 순간 화살촉만 부러졌습니다.

8

이것이 바로 '사력십중배'로, 그리스 신화에 나오는 헤라클레스나 율리시스 등의 신령스러운 힘도 바로 이 진성경계의 진여심에서 나오는 것입니다.

진성은 바로 나, 나의 참 마음자리입니다. 모든 것은 이 마음자리로부터 생겨납니다. 좋은 일이든 궂은일이든 바로 이 마음자리에서 일어난다는 이치를 분명히 알고 주체성을 확립시켜 기도를 해야 합니다.

그러므로 자기의 참 마음자리는 보지 않고 '능례다·소례다' 또는 '부처님이다·나다'라는 분별에 빠져서 겉껍질만을 따라가다 보면, 자기의 주체성이 빠져 하나님 귀신도 붙고 부처님 귀신도 붙고 마구니 귀신도 붙게 됩니다.

곧 자기의 주체성을 확립하지 못한 채 겉모습만을 따르다 보면, 헛것이 보이게 되고 그에 따른 이상한 행동을 하게 되는 것입니다. 그러므로 무슨 기도를 하든지 간에 마음이 근본이라는 것을 분명히 인식하고 해야 합니다.

정성따라 감응한다

그리고 지눌스님의 '심신深信' 곧 "깊이 믿으라"는 말씀은, 진성연기를 깨닫고 기도하면 그 감응이 형상과 그림자, 소리와 메아리가 서로 따르는 것처럼 헛되지 아니하다는 것을 깊이 믿으라는 것입니다.

감응感應을 세속에서는 '응감應感한다'는 표현으로 바꾸어서 씁니다.

"정성이 부족하여 시루떡이 설었네. 제발 오셔서 응감하소서."

여기서의 '응감하소서'가 바로 감응입니다. 바꾸어 말하면 중생의 심신과 정성에 따라서[感] 부처님이 거기에 응하신다[應]는 것입니다. 이것은 마치 물이 맑고 고요하면 달이 온전히 비치고, 물이 일렁이면 달의 모습이 제대로 나타나지 않는 것과 같습니다.

다시 말하면, 그림자가 긴 까닭은 형상이 길기 때문이요, 메아리 소리가 큰 것은 원래의 소리가 크기 때문인 것과 같은 이치입니다. 결국 형상이 분명하면 그림자도 단정하고, 소리가 부드러우면 메아리도 부드럽게 들리기 마련입니다.

감응도 이와 마찬가지입니다. 내가 정성을 들이는 것만큼 응함이 있게 되는 것입니다.

이를 분명히 알고 진성연기를 자각하며 부지런히 기도하게 되면 감응도교感應道交 여중수월如中水月이라, 감응하여 도와 딱 마주치는 것이 마치 물속에 비치는 달과 같이 됩니다.

 하지만 올바른 기도를 하기란 쉽지 않습니다. 수십 년을 절에 다닌 신도들조차도 요행수를 바라며 기도를 하는 경우가 많습니다. 그러나 기도에는 요행수가 통하지 않습니다.

 같은 햇빛 아래에 있다고 할지라도 형상이 바르면 그림자가 바르고, 형상이 길면 그림자도 길고, 형상이 짧으면 그림자도 짧은 것입니다. 이처럼 불보살의 광명정대한 자비는 언제나 중생의 정성과 함께하지만, 중생은 요행수를 바라고 기도를 하는 일이 많습니다.

 심지어 "측신厠神에게 기도를 하면 재수가 좋다"는 말을 들으면 변소에 밥을 가져가서 기도를 하고, 아무개가 족집게라고 하면 만사를 제쳐 놓고 그곳을 찾아가 점을 보기도 합니다.

 사실은 신神이 내린 용한 점쟁이라 할지라도 찾아가는 '내'가 아는 것 이상은 모릅니다. 하다못해 '내'가 잠재의식 속에서라도 알고 있는 것이라야지, 점을 보러 가는 '내'가 전혀 모르는 것은 알아낼 재간이 없습니다. 그들이 전혀 모르는 것을 안다고 하는 것은 그냥 넘겨짚어서 하는 말입니다. 그러므로 헛된 것에 의지하여 현혹되어서는 안됩니다.

 적어도 불자라면 부처님께서 강조하신 것처럼, 자기 속을 차리고 자력自力으로 기도를 해야 합니다. 요행수를 바라고

3. 기도 가피 얻는 법 159

하는 기도는 마음에 잔뜩 때를 끼게 하고, 언젠가는 사도邪
道로 빠져들게 만들어 버립니다. 이렇게 되면 진실한 불법은
10만 8천 리 밖으로 달아나 버리고, 업장이 맑아지기는커녕
더욱 두터워질 뿐입니다.

그러므로 진성연기의 뜻을 바로 알아서 요행수를 떠난 자
력의 기도를 하고 자력의 수행을 해야 합니다. 그렇게 하면
업장은 저절로 맑아지고 복은 저절로 찾아들게 마련입니다.

진정 기도하고 수행을 하다가 온전히 공을 체득하게 되
면, 그의 일거수일투족一擧手一投足에는 아무런 조작도 없게
될 뿐 아니라 아무런 걸림도 없게 됩니다.

산하대지山河大地가 나와 더불어 한 뿌리를 이루고 천지
만물이 나와 더불어 한 몸이 되어서, 천진난만한 세계로 그
냥 돌아가게 됩니다. 또 이런 경지에 들어가면 티끌 수와 같
이 많은 세계가 그대로 진여眞如한 모습을 나타냅니다.

참되고 한결같은 마음자리, 텅 빈 참 마음자리를 체득하
여 어떠한 걸림도 없게 되는 것! 이것이 기도를 비롯한 각종
수행의 끝입니다.

부처님을 돌로 만들었든 쇠로 만들었든 나무로 만들었든
기도인에게는 아무런 상관이 없습니다. 오직 요행수를 바라
지 않고 지극정성을 드리면 모든 업장이 소멸되고 복은 저
절로 생기게 됩니다.

신앙심, 곧 타력他力에 너무 깊이 의존하면 마침내는 자기

의 속까지 빼주게 되므로, 타력신앙을 통하여 일정한 경지에 이르게 되면 오히려 이를 경계해야 합니다.

"하늘은 스스로 돕는 자를 돕는다"는 말이 있듯이, 기도인은 반드시 자력自力을 가지고 타력他力을 믿어야 합니다. 곧 우리의 참된 마음이 모든 것을 이루어 낸다는 진성연기의 도리를 분명히 알고 타력에 의지해야 한다는 것입니다.

바로 이것이 기도 소원을 이룰 수 있게 하는 요긴한 비결이요, 기도를 통하여 해탈을 이룰 수 있게 하는 요긴한 가르침이라는 것을 꼭 명심하시기 바랍니다.

나무마하반야바라밀

Ⅳ 안과 밖을 한결같이

1. 대중방 생활

대중방에 거처할 때는 서로 양보하여 다투지 말며,
모름지기 서로 돕고 보호할지니라
말로써 다투어 승부를 가림을 삼가며
머리를 맞대고 한가롭게 이야기하는 것을 삼가며
다른 사람의 신을 신는 것을 삼가며
앉고 누울 때 차례 어기는 것을 삼갈지니라.
 손님을 대하여 이야기할 때는 집안의 허물을 드러내지 말고 오로지 산문 안의 불사를 찬탄할지며
 부질없이 고방庫房에 가서 잡된 일을 보거나 듣고서 스스로 의심을 내지 말지니라

居衆寮호대 須相讓不爭하며 須互相扶護하라. 愼爭論勝負하며 愼聚頭閑談하며 愼誤着他靴하며 愼坐臥越次하라.
對客言談에 不得揚於家醜하고 但讚院門佛事언정 不得詣庫房하여 見聞雜事하고 自生疑惑이어다.

양보하고 삼가라

이 장에서는 대중방에서의 공동생활을 어떻게 할 것인가를 가르치고 있습니다. 지눌스님께서는 첫머리에서 '거중료居衆寮'라 하셨습니다.

거중료의 중衆은 대중, 료寮는 대중이 모여 사는 큰방을 말합니다. 일정 규모 이상의 사찰에는 이와 같은 대중방이 반드시 있습니다. 통도사의 명월료明月寮, 범어사의 안심료安心寮, 송광사의 법성료法性寮, 월정사의 육화료六和寮 등 불교정신을 담아 이름을 붙인 큰방이 반드시 있게 마련입니다.

부처님 당시 및 인도에서는 개인의 방이 따로 마련되어 있었습니다. 그런데 왜 우리나라의 대중스님들은 한 방에 모여 생활하게 되었을까요?

이는 선종禪宗의 성행과 깊은 관련이 있습니다. 참선 수행은 대중들이 함께 모여 생활할 때 보다 용이하게 이루어집니다. 서로가 경책警策도 할 수 있고, 서로 자극을 받아 나태함을 물리칠 수 있기 때문입니다.

특히 지눌스님이 지도했던 수선사修禪社의 경우에는 수백 명의 수행승이 한꺼번에 모여들었기 때문에 방의 수가 절대적으로 부족하였고, 그에 따라 큰방 생활이 절실할 수밖에 없었습니다. 이에 지눌스님께서는 큰방 생활할 때의 명심해야 할 점 몇 가지를 말씀하신 것입니다.

그 첫 번째가 "서로 양보하여 다투지 말며, 마땅히 서로 돕고 보호하라"는 것입니다.

여러 사람이 대중방에 함께 살 때는 각자의 자리가 정해지게 마련이며, 그 자리는 언제나 지켜져야 합니다. 그러나 우리나라에서는 큰방 예절이 잘 지켜지지 않고 있습니다. 먼저 차지하면 내 자리요 비비고 앉으면 내 자리라고 생각하는 사람들이 많습니다.

이는 대중방에서만이 아니라, 재가신도들이 법회에 참석하거나, 소원을 비는 기도처, 절에서 잠을 잘 때도 흔히 일어나는 일입니다.

이와 같이 서로가 자리를 탐하다 보면, 그에 따른 말다툼이 종종 일어나게 됩니다. 서로가 양보할 줄 모르는 사회….

물질이 지배하는 사회에서는 남과의 생존경쟁에서 이겨야 높은 자리에 이를 수 있기 때문에 서로가 사양할 줄을 모르며, 사양하지 않기 때문에 싸움이 그칠 줄을 모릅니다.

그러나 부처님 집안은 다릅니다. 돈으로 사는 집안과 도道로써 사는 집안의 경우는 판이하게 차이가 납니다. 도로써 사는 집안에서는 요구하지 않더라도 '양보의 미덕'이 저절로 지켜집니다. 서로가 양보하는데 어찌 싸움이 일어날 수 있겠습니까. 내가 어렸을 때 배운 초등학교 교과서에 수록되어 있었던 이야기 하나를 소개합니다.

❄

의가 좋기로 소문난 형제가 길을 가다가 금덩어리 두 개를 주웠습니다.

"아우야, 이것이 웬 횡재냐!"

"형님, 오늘은 정말 재수가 좋습니다. 하늘이 우리에게 이와 같은 금덩어리를 내렸군요."

신이 난 형제는 금덩어리를 하나씩 나누어 갖고 계속 길을 가다가 나루터에 이르렀습니다. 강을 건너기 위해 배를 타려고 하는데, 갑자기 동생이 "에잇!" 하며 금덩어리를 강물 속으로 집어던졌습니다. 형은 깜짝 놀라 소리쳤습니다.

"미쳤느냐?"

"형님, 정말 죄송합니다. 제가 처음에는 하늘이 우리 형제에게 금덩어리를 내렸다며 좋아라 하였지만, 이 나루터까지 십 리를 걸어오는 동안 지옥을 가고도 남을 별의별 생각을 다 했습니다. 나중에는 '형님만 없으면 내가 두 개의 금덩어리를 다 차지할 수 있을 것인데…' 하는 생각까지 하게 되었고, 마침내 '형님을 죽여야겠다'는 망상에 휩싸이는 것이었습니다. 문득 정신을 차리고 보니, 어떻게 그런 생각을 하고 있었는지…. 너무나 끔찍하고 소름 끼치는 일입니다."

그러자 형은 아우의 손을 꼭 잡았습니다.

"나도 너와 같은 생각을 했다."

그리고는 금덩어리를 강물 속으로 던졌습니다.

1. 대중방 생활

불자의 마음, 불자의 행동은 이러해야 합니다. 자신의 편리와 이익을 위해 독불장군獨不將軍처럼 살아서는 안 됩니다. 서로 양보하고 보호하고 도우며 살아야 합니다. 서로 양보하고 보호하는 마음으로 살아갈 때 너와 나가 함께 살아나고, 평화로운 사회가 저절로 이루어집니다.

도로써 사는 불자. 우리는 도로써 사는 사람입니다. 어찌 사찰의 큰방 안에서 '자리다툼'을 벌일 것입니까? 서로 양보하고 도울 뿐 아니라, 서로를 살리면서 살아야 합니다.

이어 지눌스님께서는 대중방에 머무를 때 삼가야 할 일로 네 가지를 지적하셨습니다.

첫 번째 삼가야 할 일은 **말로써 다투어 승부를 가리는 것**입니다.

성질이 고약한 사람들 중에는 자기의 말만을 절대적으로 여기거나, 다른 사람의 말은 들은 체도 하지 않는 이가 있는가 하면, 다른 사람의 이야기를 다 듣기도 전에 무조건 시비부터 거는 사람도 있습니다. 이것은 참 나쁜 버릇입니다.

대화를 할 때는 자기와 반대되는 의견이 나올지라도 끝까지 경청할 줄 알아야 합니다. 나름대로의 이론을 내세우며 논쟁을 하거나 말끝마다 시비를 가리는 것은 독약을 마시는 것이나 다를 바가 없습니다. 진정 불자에게 필요한 것은 스스로를 낮추는 겸손한 마음가짐과 남의 이야기를 잘 들어주는 자세입니다.

『모모』라는 책을 보면, 주인공 모모는 누가 어떠한 이야기를 하더라도 다 들어줍니다. 싸움을 한 두 사람이 모모를 찾아와서 서로 자기가 옳았다고 이야기하면, 모모는 이야기하는 사람의 얼굴을 바라보면서 고개를 끄덕이며 열심히 들을 뿐 아무런 말도 하지 않습니다. 그러다 보면 싸운 사람들의 마음이 저절로 풀어져서, 서로 악수를 나누고 돌아갑니다.

이와 같이 수행인은 자기의 편견이나 주장을 비우고 자비한 마음으로 상대방의 말을 온전히 들을 줄 알아야 합니다. 그렇게 할 때 상대방의 마음은 저절로 고요해지게 되고, 잘못이 있으면 스스로 깨닫게 됩니다.

만일 다툼을 즐기는 수행인이라면 어떻게 뭇 생명 있는 이를 제도할 수 있겠습니까? 아는 것이 아무리 많다 한들, 결국은 자기 한 몸도 구제할 수가 없습니다.

두 번째 삼가야 할 일은 **머리를 맞대고 한가롭게 이야기하는 것**입니다.

승부를 다투어 논쟁하는 것은 당연히 하지 말아야 할 일이거니와, 한가롭게 모여 앉아 쓸데없는 이야기로 시간을 보내서도 안 됩니다.

잡담은 마음의 어지러움만을 더할 뿐, 도를 닦는 데는 조그마한 이익도 되지 못합니다.

모름지기 수행인은 몸과 마음을 잘 다스려서 흐트러짐이

없도록 해야 하고, 언제나 부처님의 정법을 생각하며 살아야 하기 때문에 잡담을 하지 말라는 것입니다.

사람의 마음은 말을 통하여 노출되기 마련인데, 마음이 산란하면 잡담을 즐기게 되고, 도심道心이 가득하면 잡담이 흘러나오지 않습니다.

만일 지금의 나에게 머리를 맞대고 잡담을 할 여유가 있다면 도심이 흩어졌다는 증거이니만큼, 다시금 염불이나 화두話頭를 거두어 잡으십시오. 이것이 수행인의 할 일이요, 나도 살리고 모든 대중도 살리는 길입니다.

세 번째 삼가야 할 일은 **다른 사람의 신발을 함부로 신는 것**입니다.

지눌스님께서 생존했던 때에는 대개가 짚신이나 나막신을 신었습니다. 따라서 신발의 형태가 비슷할 수밖에 없었기 때문에, 여간 주의해서 보지 않으면 자기의 신발을 찾기가 어려웠을 것입니다. 이것은 최근까지도 마찬가지였습니다.

"조계사에 가서 신발을 잃어버리지 않을 정도가 되면 한국불교가 바로잡힌다."

20년 전만 하여도 불교계에서 흔히 했던 말입니다. 그나마도 비슷하게 생긴 신발을 아무렇게나 벗어 놓아서 수북하게 쌓이게 되면, 자기의 신발을 찾기도 어려울뿐더러, 바꾸어 신는 경우도 비일비재할 수밖에 없었습니다.

사실 신발을 바꾸어 신는 것을 나무라기 전에, 벗어 놓은 신발을 정리하는 습관부터 익혀야 합니다. 모인 사람의 신발이 몇 켤레가 되었든, 뜰 앞에 질서정연하게 신발이 정돈되어 있으면, 방 안에 있는 사람들뿐 아니라 밖에서 보는 사람의 마음까지도 단정하게 정돈되는 것입니다.

"다른 사람 신을 신는 것을 삼가라"는 것은 사소한 일에도 질서를 지켜야 한다는 가르침입니다.

네 번째 삼가야 할 일은 **앉고 누울 때 차례를 어기는 것**입니다.

외부에서 볼 때는 대중방에서의 질서가 어떠한지를 알 수가 없지만, 대중방에는 엄한 질서와 규율이 있습니다. 먼저 앉을 때에는 반드시 자기 자리를 지켜야 합니다. 그 순서는 계차戒次, 곧 비구는 계를 받은 순서대로 앉고, 사미는 나이 순서대로 앉습니다. 이는 '교단의 위계질서'를 설명할 때 상세히 다루었으므로 여기서는 생략합니다.

자는 것에 대해서도 율장律藏에는 수십 가지 규칙이 기록되어 있습니다. "옷을 벗고 자지 말라", "한 이불 속에서 자지 말라"는 등 그 규칙이 매우 엄합니다.

그런데 일부 승려들은 친한 사람 옆에서 자기 위해 이불을 들고 잠자리를 옮기는 경우도 있습니다. 그러나 이것은 수행인의 위의威儀가 아닙니다. 그러므로 남의 자리를 함부로 넘나들어서는 안 됩니다. 마땅히 앉고 눕는 데 있어 자기 자리를 잘 지킬 줄 알아야 하는 것입니다.

이상의 네 가지 삼가야 할 일은 어찌 보면 지극히 사소하게 느껴질 수도 있는 사항들입니다. 그러나 이 속에 도가 들어 있습니다. 만일 이와 같은 조그마한 일을 한결같이 삼갈 수 있다면, 머지않아 큰 도력을 발현시킬 수 있게 될 것입니다.

불사를 찬탄하라

이어 지눌스님께서는 "**손님을 대하여 이야기할 때 집안의 허물을 드러내지 말라**"고 하셨습니다.

집안에서나 직장에서나 단체생활에 있어서나, 그 구성원은 서로가 아끼고 밀어주고 보살펴주어야 합니다. 그런데 서로 헐뜯고 흉을 보게 되면, 결국은 뜻이 어긋나 평화로울 날이 없게 됩니다.

더욱이 자기 집안의 허물을 집안 식구가 아닌 다른 사람에게까지 들추어서 말하게 되면, 그 집안은 마침내 파산의 위기에 처하게 됩니다. 특히 웃어른의 흉허물을 이야기하는 것은 좋지 않습니다. 그래서 '부모의 허물을 말하는 소리를 들으면 귀머거리가 돼라'는 유가의 교훈이 생겨난 것입니다.

종교단체·직장·친목단체 할 것 없이, 집단의 사활死活은 구성원들이 얼마나 화합하고 단결하는가에 따라 결정됩니다. 서로가 단점을 찾아내어 헐뜯고 시비를 벌이거나 남에게 악선전을 하게 되면, 한 입 건너고 두 입 건널 때마다 과장되고 와전訛傳되어 결국은 커다란 파탄을 불러일으키게 되며, 알게 모르게 그 집단은 치명적인 상처를 입게 되는 것입니다.

　물론 처음에는 나쁘지 않은 뜻으로 동료의 단점을 이야기한다지만, 그 말이 처음 말한 사람의 의도와는 다른 각도로 확대 변질되고, 다시 왜곡된 내용이 본인의 귀에 흘러 들어가게 되면 자연히 감정싸움으로 전개되게 마련입니다.

　일단 감정싸움이 되면 이성을 잃게 되고, 피해자는 다시 가해자의 허물과 단점 등을 찾아 더욱 적극적인 비방을 하게 되며, 이런 악순환이 되풀이되다 보면 조작·날조 등의 사태로까지 전개되어 마침내는 원한을 품게 됩니다.

　만일 이러한 감정 싸움이 수행인들 사이에서 일어나게 되면, 신도는 고사하고 일반 사회인들까지 비난의 화살을 쏟아붓게 되는 것입니다.

　사찰은 부처님의 거룩하고 지대한 중생구제, 교화의 사명을 두 어깨에 걸머진 불자들이 모여 사는 곳입니다. 따라서 절 집안 안에서 서로의 허물을 들추고 밝히는 일은 결코 일어나지 않아야 합니다. 이는 거룩한 부처님을 욕되게 하고, 교단을 위태롭게 하며, 중생교화의 참뜻을 정면으로 위배하는 반역행위입니다.

그렇다면 절 집안에서는 어떤 이야기를 나누며 살아야 하는가? 지눌스님께서는 "산문 안의 불사佛事를 찬탄하라"고 하셨습니다. 절 안의 좋은 점, 잘하는 일을 칭찬하면서 서로의 신심을 북돋우고 불사가 원만히 행하여지도록 덕담德談을 하며 지내야 한다는 것입니다.

그렇다면 불사가 무엇인가? 요즈음의 절에서는 불사佛事와 공사公事라는 말을 구분하지 않고 사용하는 경우가 많습니다. 불사의 '불佛'은 깨닫는다는 뜻입니다. 따라서 불사는 '내가 깨닫고 남을 깨우치는 일'입니다. 곧 깨달음과 행이 원만해지도록 서로 도와주는 것이 불사인 것입니다.

그리고 수행과 관련 없는 건물을 짓거나 도로를 닦는 등의 일은 공사라고 합니다. 물론 불법을 모르는 사람들에게 "기와 한 장을 불사하면 복을 받는다"고 하면서 불법과 인연을 맺어주는 것도 불사일 수 있겠지만, 엄밀히 말하면 이것은 공사이지 불사가 아닙니다.

특히 불사를 핑계하여 돈을 모았다가 그 공사조차 제대로 하지 못하게 되면, 조금 있는 복마저 갉아 먹게 됩니다. 과연 복이 다하면 어떻게 됩니까? 밝은 것이 다하면 어두움이 오듯이, 복이 다하면 불행이 찾아듭니다.

그러므로 절 집안에서는 언제나 서로가 참된 깨달음을 얻을 수 있도록 하는 불사, 깨달음을 이루는데 도움을 주는 불사를 해야 합니다.

그리고 지눌스님께서는 "부질없이 고방庫房에 가서 잡된 일을 보거나 듣고서 스스로 의심을 내지 말라"고 하셨습니다.

❀

내가 사는 암자에서도 이러한 일은 가끔 일어났습니다.

한번은 서울에서 몇몇 신도들이 찾아왔을 때, 수덕사에 계신 노스님께 드리기 위해 대추를 얇게 썰어서 꿀에 재워 놓으라고 시켰습니다. 그들이 후미진 부엌방에서 일을 하고 있는데, 마침 대구에서 온 신도들이 그 방을 힐끗 들여다보고는 소문을 내었습니다.

"일타스님 계신 암자에 갔더니 보살들이 모여 쇠고기를 썰고 있더라."

❦

어두컴컴한 방에서 붉은 대추를 썰고 있으니까 잘못 보고 이러한 소문을 퍼뜨렸겠지만, 스스로 의혹심을 내다 보면 있는 그대로의 모습이 보이지 않을 때가 많습니다. 할 일 없이 고방을 찾아가거나 부질없는 의심을 갖는 일, 이 모두가 번뇌망상이 근본이 되어 일어나는 일들이므로, 마땅히 자제할 줄 알아야 합니다.

성스러운 도량인 사찰! 절은 성불成佛의 도량입니다. 부처를 이루고자 하는 사람들이 모여 사는 곳입니다. 스님들이 대중방에 들어가서 어려운 생활을 감내하는 까닭도 부처가 되고 불사를 이루기 위해서입니다.

진정 서로가 부처를 이루기 위해 일념 정진해야 할 장소에서 불사 밖의 일을 논하거나 부질없는 일에 눈길을 돌려서야 되겠습니까? 언제나 자신의 깨달은 경지를 점검하면서 피나는 정진을 아끼지 말아야 합니다.

아울러 수련대회나 템플스테이를 위해 절을 찾는 불자들도, 단 며칠이나마 지눌스님께서 말씀하신 이 기본들을 잘 지키면서, 마음을 맑히고 깨달음을 찾는 행복한 불사를 이루어가야 합니다.

모든 불자들이 사찰에서 부처님 되는 불사를 차근차근 이루어갈 때, 우리가 사는 이 땅이 불국토로 바뀌어가지 않겠습니까?

나와 남을 모두 이롭게 하는 불사, 나와 남이 함께 깨달아가는 이 멋진 일을 위해, 다수의 제약은 기꺼이 감수할 줄 아는 참불자가 되시기를 두 손 모아 축원드려 봅니다.

2. 외출 시의 규범

요긴한 일도 아니면서 이 마을 저 마을로 다니며 속인들을 사귀어서 다른 사람으로부터 미움을 받거나 스스로의 도정을 잃는 일이 없어야 하며, 요긴한 일이 있어 외출을 할 때는 반드시 주지나 대중 관리자에게 가는 곳을 알려야 하느니라.

만일 속인의 집에 들어가거든 반드시 바른 생각을 굳게 지녀서 색을 보거나 소리를 듣는 것을 삼가고 방탕함과 삿된 마음이 일어나지 않도록 유의해야 할 것이거늘, 하물며 옷깃을 헤치고 희롱하는 웃음을 짓거나 잡된 일을 요란하게 말하며, 때아닌 때에 술과 밥을 먹거나 망령되게 거침없는 행동을 하여서 부처님의 계율을 어길 것인가. 그리하여 어질고 착한 사람들로부터 혐의를 받게 된다면 어찌 지혜로운 사람이라 할 수 있겠는가!

非要事어던 不得遊州獵縣하야 與俗交通하야 令他憎嫉하고 失自道情하며 儻有要事出行이어든 告住持人과 及管衆者하야 令知去處하라.

^{약 입 속 가} ^{절 수 견 지 정 념} ^{신 물 견 색 문 성} ^{유 탕 사 심}
若入俗家어든 切須堅持正念하되 愼勿見色聞聲하고 流蕩邪心이온
^{우 황 피 금 희 소} ^{난 설 잡 사} ^{비 시 주 식} ^{망 작 무 애 지 행}
又況披襟戲笑하야 亂說雜事하며 非時酒食으로 妄作無碍之行하야
^{심 괴 불 계} ^{우 처 현 선 인} ^{혐 의 지 문} ^{기 위 유 지 혜 인 야}
深乖佛戒아 又處賢善人의 嫌疑之間이면 豈爲有智慧人也리요.

도정을 잃지 말라

지눌스님께서는 수행인들에게, "요긴한 일이 아니거든 이 마을 저 마을로 돌아다니지 말라"고 하셨습니다. 일없이 돌아다니면서 속인들과 교류를 하다 보면 다른 사람의 미움을 살 뿐만 아니라 도정道情까지 잃게 되기 때문에 금하신 것입니다.

출가인이 절을 자주 비우는 것은 수행의 보금자리를 벗어나는 것을 의미합니다. 따라서 잘 수행하고자 하는 이는 절을 함부로 떠나서는 안 됩니다. 특별한 일 없이 수행처를 떠나는 것은 호랑이가 산에서 벗어나는 것과 같기 때문입니다. 특히 결제結制 중에는 밖으로 나다니지 말아야 합니다.

물론 수행을 다 마친 사람이라면 모든 것에 걸림이 없고 자유자재하므로 하나하나의 행동이 모두 중생을 교화하는 일이 될 것입니다.

그러나 수행이 덜 된 사람이 할 일 없이 마을 출입을 하다 보면, 속인을 교화敎化하기는커녕 속인에게 동화同化되어 버리기 십상입니다. 그러므로 자기 공부가 어느 정도 성취될

때까지는 속가의 출입을 일부러라도 금해야 합니다.

만일 공부가 익지 않은 승려가 짐승을 쫓아다니는 사냥꾼 마냥 이 마을 저 마을로 놀러 다니고 속인과 어울리기를 좋아하면 사람들이 그를 좋아할 까닭이 없습니다. 왜냐하면 그는 수행인의 본분을 잊고 있기 때문입니다. 이를 지눌스님께서는 '미움을 받는다〔憎嫉증질〕'라고 표현했습니다.

증질憎嫉의 증憎은 '일찍 증曾' 앞에 '심방변忄'을 둔 글자입니다. 곧 일찍, 마음으로 너무 앞서서 남을 의심하고 미워하고 싫어하면 '미워할 증憎' 자로 바뀌게 됩니다. 이와 같이 쓸데없이 돌아다니다 보면 다른 사람의 미움을 사게 될 뿐만 아니라, 도를 닦겠다는 마음, 곧 도정道情까지 잃게 되고 맙니다.

한 번 도정을 풀어헤치고 날뛰기 시작하면 다시 거두어 잡기가 용이하지 않습니다.

누군들 처음 출가하여 도를 닦기 시작할 때, 생사를 초월하는 대해탈을 이루고자 하지 않겠습니까? 그러나 도를 닦다가 차츰 편안함을 추구하고 세속사에 물들다 보면, 공空의 깊은 도리를 완전히 깨닫지도, 마음의 본질을 체득하지도 못한 채 도를 닦고자 하는 마음만 느슨해집니다.

더욱이 세속사에 집착하고 이름을 나타내는데 재미를 느끼다 보면 마음이 탁해지고, 말에 거짓이 붙고, 악업을 두려워 하지 않습니다.

그 결과, 스스로가 지닌 맑고 밝은 마음의 무한 능력과 생명력을 올바로 발휘하기보다는, 도정을 잃고 방일과 타락과 색에 집착하는 길로 나아감으로써, 그 길 끝에 열려 있는 삼악도 속으로 자연스럽게 빨려 들어가는 것입니다.

이러한 결말은 참된 도를 닦지 않고 할 일 없이 나다니며 속인들과 비슷한 삶을 살고자 하는 데서부터 시작됩니다. 이를 꼭 기억하시어, 쓸데없는 마을 출입을 금하고 도정, 곧 도 닦는 마음을 잘 보호하시기 바랍니다.

물론 요긴한 일이 있으면 외출을 해야 합니다. 하지만 이때에도 주지스님이나 대중을 관리하는 입승立繩 또는 찰중察衆 스님에게 반드시 가는 곳을 알리고 출타해야 하며, 용무가 끝나면 곧바로 되돌아와야 합니다.

출행 시 주의할 점

그럼 필요한 일이 있어 마을에 갔을 때는 어떻게 해야 하는가?

지눌스님께서는 "속가에 들어가거든 반드시 불법을 지키겠다는 바른 생각을 지녀서 색色을 보거나 잡된 소리를 듣는 것을 삼가고 방탕한 마음과 삿된 마음이 일어나지 않도록 하라"고 하셨습니다. 또 "옷깃을 헤치고 희롱하는 웃음을 짓거나 잡된 일을 요란하게 말하지 말라"고 하셨습니다. 도를 닦는 이로서, 중생을 교화할 막중한 책무를 지닌 이로서 마땅히 지켜야 할 너무나 당연한 말씀이며, 이는 부처님 당시부터 매우 강조되었던 사항입니다.

비구 250계 중 제144계부터 제168계까지의 25가지 계는 비구가 속가에 출입할 때 지켜야 할 사항을 밝혀 놓은 것으로, 비구계 전체의 1할을 차지하고 있습니다. 이 25가지 중에서 몇 가지만 열거하면 다음과 같습니다.

- 옷을 걷어붙이고 속가에 들어가지 말라(제146계)
- 뜀박질을 하면서 들어가지 말라(제152계)
- 뒷짐을 지고 들어가지 말라(제155계)
- 좌우를 두리번거리면서 들어가지 말라(제163계)
- 쭈그리고 앉지 말라(제154계)
- 좌우를 두리번거리면서 앉지 말라(제164계)
- 희롱하는 웃음을 지으면서 앉지 말라(제168계)

이 계들이 매우 상식적인 것이어서, 일부러 계율로 제정해야 할 필요가 있었는가 하는 의문마저 들 것입니다. 그러나 부처님께서 속가의 출입을 얼마나 중요시하였는지는 여실히 느낄 수 있습니다.

곧 승려의 일거수일투족은 바로 불교의 모습이요, 개인의 수행 정도를 나타내어 주는 것이며, 중생을 자연스럽게 교화하는 방편이 되기 때문에, 아무것도 아닌 듯하지만 범하기 쉬운 속가에서의 행동을 계율로까지 제정하여 흐트러짐 없는 모습을 보이도록 한 것입니다.

출가수행인은 이를 특별히 경계하신 부처님의 깊은 뜻을 헤아려서 소홀함이 없도록 해야 할 것입니다.

그리고 지눌스님은 "**때아닌 때 술이나 밥을 먹고 망령되게 거침없는 행동을 하여서는 아니 된다**"고 하였습니다. 여기서의 '때아닌 때〔非時〕'는 비시식非時食을 설명할 때 밝힌 오시〔午時, 낮 12시〕가 지난 시각을 말하는 것이 아니라, 승려가 마을에 가지 못하는 비시非時, 곧 해 뜨기 전과 해가 지고 난 뒤의 시간을 가리킵니다. 이 시간을 제정하게 된 데에는 특별한 유래가 전해지고 있습니다.

❁

부처님 당시, 새벽잠이 없는 비구들이 날이 채 밝기도 전에 사위성으로 들어가 왕궁의 문을 두드리며 소리쳤습니다.

"아직 주무십니까? 걸식하러 왔습니다."

믿음이 매우 깊었던 파사익왕의 왕비 말리부인末利夫人은 잠결에 그 소리를 듣고 잠옷 바람으로 뛰어나와 비구들을 맞이하였습니다.

"이렇게 일찍 오셨습니까? 어서 들어오십시오."

그런데 당시 왕족이 입던 잠옷은 구슬을 꿰어 만든 옷이었으므로 쉽게 흘러내리곤 하였습니다. 말리부인도 비구들을 안으로 맞아들이다가 잠옷으로 걸쳤던 구슬 옷이 주르륵 흘러내렸습니다. 비구들은 이를 보고 킥킥 웃음을 터뜨렸고, 기원정사로 돌아와서까지 떠들었습니다.

"오늘 아침에 참으로 보기 힘든 것을 보았다."

어찌나 요란스럽게 소문을 퍼뜨렸던지 그 이야기가 부처님 귀에까지 들어갔습니다. 부처님께서는 곧 비구들을 불러 모아 계를 제정하셨습니다.

"저녁의 해지기 전과 아침의 해가 뜬 뒤에만 마을에 갈 수 있고, 해가 진 뒤나 아침 해가 뜨기 전에는 마을에 갈 수 없다."

그러므로 해가 진 다음부터 아침 해가 뜨기 전까지는 특별한 경우가 아니면 마을에 들어가지 말아야 합니다. 그런데도 승려들이 밤중에 절 밑의 음식점이나 신도 집을 찾아가는 경우가 종종 있습니다.

더군다나 아직 수행이 덜 된 승려들 중에는, "술을 마시고 고기를 먹지만 반야에 방해됨이 없고, 도둑질을 하고 음행을 하여도 보리에 걸리지 않는다〔飲酒食肉 無妨般若 行盜行淫 不害菩提〕"고 하면서, 막행막식莫行莫食을 하는 것이 마치 깨달은 사람의 걸림없는 행인 것처럼 착각하여 행동에 옮기는 이들도 있습니다.

그러나 이는 부처님의 계법戒法을 지키는 자로서 도저히

용서될 수 없는 행동이라는 것을 분명히 밝혀 두는 바입니다. 먹물 옷을 입은 출가수행인이 되어 비록 사람들로부터 존중을 받지는 못할지라도 남의 비난을 받아서야 되겠습니까? 지눌스님의 말씀처럼 '어질고 착한 사람들로부터 혐의를 받지는 말아야 할 것'입니다.

3. 선방에 있을 때

사당에 있을 때는 사미승과 함께 행동하는 것을 삼가며, 사람의 일로 왕래하는 것을 삼가며, 타인의 좋고 궂은일을 보기를 삼가며, 문자를 탐하여 구하는 것을 삼가며, 잠을 지나치게 자는 것을 삼가며, 어지럽게 반연하는 것을 삼갈지니라.

_{주 사 당} _{신 사 미 동 행} _{신 인 사 왕 환} _{신 견 타 호 오} _신
住社堂하되 愼沙彌同行하며 愼人事往還하며 愼見他好惡하며 愼
_{탐 구 문 자} _{신 수 면 과 도} _{신 산 란 반 연}
貪求文字하며 愼睡眠過度하며 愼散亂攀緣이어다.

오개장五蓋障

지눌스님께서는 이 글의 첫머리에서 '사당社堂에 있을 때'라고 하였습니다. 여기서의 '사社'는 결사結社, 곧 지눌스님이 지도한 수선사修禪社처럼 참선정진參禪精進을 통한 결사도량結社道場을 지칭하는 것이며, '당堂'은 결사를 하는 건물을 가리킵니다. 따라서 사당은 승려들이 공부하는 사찰의 선방禪房이나 강원講院과 같은 것입니다.

일정 기간 동안 선방에 들어가서 참선공부를 하는 사람은 모든 잡념을 끊고 오로지 선정禪定을 닦아 삼매三昧를 이루어야 합니다.

그러나 우리의 마음속에는 도심道心만 있는 것이 아닙니다. 끊임없이 일어나는 식욕과 물욕과 색욕, 그리고 그것을 충족시키지 못하는 데서 오는 욕구불만으로 가득 차 있습니다.

이와 같은 욕구들은 마치 제 다리의 힘만 믿고 이리저리 날뛰는 망아지와 같아서, 움직이는 대로 그냥 놓아두면 수행의 좌표마저 무너뜨려 버립니다. 그러므로 수행인은 정신을 똑바로 차리고 가야 할 길과 가지 말아야 할 길을 잘 살펴야 합니다.

비록 가고 싶은 길일지라도 가지 말아야 할 길이라면 들어서지 않아야 하고, 비록 가기 싫은 길일지라도 꼭 가야 할 길이라면 주저 없이 앞으로 나아가야 합니다.

이와 같은 까닭으로 지눌스님께서는 공부를 하는 수행인들이 가지 말아야 할 다섯 가지 장애의 길을 승화시켜 몇 가지를 삼가라는 말씀을 하신 것입니다.

예로부터 정립되어 있었던 이 다섯 가지 장애를 오개장五蓋障 또는 오장五障이라 합니다. 이들 다섯 가지가 마음에 드리워져서 선법善法을 낼 수 없게 하므로 오개장이라 이름 붙인 것입니다.

① 오욕으로 마음을 덮는 탐욕개貪欲蓋
② 성냄으로 마음을 덮는 진에개瞋恚蓋
③ 갈등과 근심으로 마음을 덮는 도거개掉擧蓋
④ 진리에 대한 의심으로 마음을 덮는 의법개疑法蓋
⑤ 많은 잠으로 마음을 덮는 수면개睡眠蓋

이 오개장을 지눌스님의 말씀과 연결시켜 봅시다.

첫째, "나이 어린 사미와 함께 행동하는 것을 삼가라"고 하신 것은 탐욕개와 관련이 있습니다. 인간 욕구 중에서 가장 강한 것은 식욕食欲과 색욕色欲입니다. 그러나 출가수행인에게 있어 진정으로 문제가 되는 것은 식욕이 아니라 색욕입니다. 그러므로 계율에서는 남녀 간의 문제를 강하게 금하고 있습니다.

그러나 표면에 드러나지 않는 동성연애에 대해서는 쉽게 밝혀낼 수가 없습니다. 젊은 비구가 나이 어린 사미를 가까이하다 보면 자기도 모르는 사이에 애착이 생기고, 그러다가 욕구가 분출될 때 자칫 잘못 동성연애라는 범행을 저지를 수 있기 때문에 사미와 함께 행동하는 것을 금한 것입니다.

둘째, "사람의 일로 왕래하는 것을 삼가라"는 말씀은 진에개를 근원적으로 막기 위한 것입니다. 사람들은 욕심이 충족되지 않고 사랑을 얻지 못하면 진에심을 일으키게 됩니다. 곧 매사에 짜증을 내고 신경질을 부리게 되는 것입니다. 스스로가 짜증과 신경질에 휩싸이게 되면 될 일도 되지 않습니다.

기도를 해도 영험이 나지 않으니까 괜히 시간 낭비만 하는 것 같고, 참선을 하면서도 견성성불見性成佛할 수 있을까 하는 의심만 생겨납니다. 이렇게 공부가 제대로 되지 않으면 여러 가지 이유를 붙여 수행도량 밖의 속인들과 어울리려 하거나, 절 안의 사무에 더 신경을 쓰려고 합니다. 그러다 보면 공부하는 이판승理判僧의 길을 이탈하여 절의 운영에 몰두하는 사판승事判僧의 길로 접어들게 됩니다. 지눌 스님은 이를 경계하기 위해 일단 선방에 들어왔으면 사람의 일로 왕래하는 것을 삼가도록 말씀하신 것입니다.

셋째, "다른 사람의 좋고 궂은일을 보기를 삼가라"는 말씀은 도거개와 관련이 있습니다. 사람의 일이란 끝이 없는 것이고, 좋고 궂은일도 항상 상대적일 뿐입니다.

그러므로 좋고 궂은일에 초연해야 하는데, 이것저것에 관심을 갖고 시비를 논하거나 선악과 미추美醜를 가리다 보면 자꾸 마음이 흔들리고 근심이 생겨나게 됩니다. 수행하는 사람이 끊임없이 변화하는 인간사에 매달려서야 언제 깨달음을 얻을 수 있겠습니까? 그러므로 좋고 궂은일 보기를 삼가도록 한 것입니다.

넷째, "**문자를 탐하여 구하는 것을 삼가라**"는 말씀은 의법개와 관련이 있습니다. 수행을 할 때 상대적인 것에 매달리다 보면 삼매三昧는 10만 8천 리 밖으로 달아나 버립니다. 그러므로 현재 하고 있는 공부 외에는 될 수 있는 한 하지 말라고 가르칩니다.

지눌스님께서 계셨던 수선사는 선방이므로 문자를 탐하는 것을 특별히 금했습니다. 책에서 좋은 지침을 얻을까 하여 책을 뒤적거리다 보면 오히려 마음만 더욱 어지러워지고, 마침내는 불법 자체를 의심하게 되기 때문이라는 것입니다.

일단 선방에 들어가서 수행하는 이라면 결사가 끝날 때까지는 오로지 참선정진만을 열심히 해야 합니다. 언어나 문자에 의지하지 않고 안심입명安心立命을 얻겠다고 선방에 들어온 사람이 한가로이 책을 뒤적이며 지내는 일이 없어야 하므로, 문자에 매달려서 구하지 말도록 한 것입니다.

다섯째, "**잠을 지나치게 자는 것을 삼가라**"는 말씀은 수면개를 제거해야 함을 일깨우고 있습니다. 정신과 육체의 피로를 풀기 위해서는 휴식이 절대적으로 필요하지만, 잠을 지나치게 많이 자면 오히려 정신이 흐려지고 몸이 무거워집니다. 그러므로 정신을 맑게 할 정도의 적당한 수면만을 취하고 정신을 집중시켜 정진하라는 것입니다.

그렇다면 참선수행에 장애가 되는 애욕·진에·도거·의법·수면은 어떻게 할 때 물리칠 수 있는가? 지눌스님께서 여섯 번째로 말씀하신 '산란한 반연攀緣을 삼갈 때' 그것은 가능해집니다. 곧 정신을 집중하여 찾아 들어가고, 살펴서 찾아 들어가는 것이 그 비결입니다.

이를 함축성 있게 한 단어로 바꾸면 '용맹정진勇猛精進'이라 할 수 있으며, 수행하는 이가 산란함과 흐리멍덩함에 빠질 때는 용맹정진의 마음을 불러일으켜야 합니다.

용맹정진

중생은 잔재주가 많고 호기심이 많고 잡생각이 많습니다. 그리고 잔재주와 호기심과 번뇌 망상을 따라 나아가기를 좋아합니다. 그러나 구도의 길, 부처님 되는 길은 그 반대편으로 뚫려 있습니다.

만일 구도의 길을 걷는 우리의 마음이 흩어지고 게을러져서 호기심과 잔재주와 번뇌 망상이 가득해지고 있다면, 무엇으로 그 그릇됨을 다스릴 것인가?

생사의 문제가 급함을 깨닫고 정신을 바짝 차려 용맹정진의 마음을 다시 한 번 거두어 잡는 것, 결정코 생사의 큰 문제를 해결하겠다는 대용맹심大勇猛心·견고용맹대력결정심堅固勇猛大力決定心을 불러일으키는 것이 가장 중요합니다.

흔히 규모가 큰 사찰을 가 보면 선방禪房 위에 '심검당尋劍堂'이라고 쓰인 편액이 붙어 있는 경우를 쉽게 발견할 수 있습니다. '찾을 심尋', '칼 검劍'. 취모리검吹毛利劍이라는 반야의 칼을 찾는 집이 바로 심검당입니다.

칼날 위에 한 가닥의 머리카락을 놓고 입김으로 가볍게 불기만 하여도 자를 수 있는 날카로운 마음의 칼, 지혜의 칼이 취모리검이며, 이 검을 찾겠다는 대용맹심을 일으켜 정진하는 곳이 심검당인 것입니다.

조용히 앉아 공부를 하다 보면 갖가지 번뇌 망상이 불꽃처럼 일어납니다. 오고 가는 자취도 없이 번뇌가 끊임없이 일어나게 됩니다. 그 번뇌를 따라가다 보면 모르는 사이에 해태심이 생겨나게 되고, 공부가 되기는커녕 혼침昏沈과 산란散亂만이 분분해지고 마는 것입니다. 이렇게 되면 참된 수행과는 너무나 멀어지고 맙니다.

이때 필요한 것이 용맹정진주문입니다. 이러한 때 용맹정진주문을 외워야 합니다. 흐리멍덩한 상태의 혼침과 산란한 마음을 단칼에 요절내겠다는 마음의 주문을 외워야 합니다.

곧, 이 몸으로 이번 생生에 기필코 도를 이루어 생사대사生死大事를 해결하고야 말겠다는 다짐을 하면서 용맹스레 정진하는 것입니다.

이렇게 스스로의 결심과 다짐을 바치면서 거듭거듭 삼매 속으로 나아갈 때 반야의 취모리검은 눈앞에 나타나게 되고, 바로 우리가 앉아 있는 이곳에 해탈의 세계가 펼쳐지게 됩니다.

바라밀다! 해탈의 세계란 결코 멀리 있는 것이 아닙니다. 용맹심을 일으켜 마음의 탐욕·성냄·흔들림·의심·수면 등의 장애를 다스리며 끊임없이 정진할 때, 우리의 눈앞에 대자유요 대자재요 대자대비가 충만된 불국정토가 펼쳐지게 되는 것입니다.

장차 부처님이 될 불자들이여, 그때까지 모두 모두 부지런히 정진합시다. 부처가 될 그날까지 한 생각을 돌이켜, 마음을 덮는 번뇌를 다스리면서 용맹정진하시기를 두 손 모아 권청합니다.

나무마하반야바라밀

V 법문 듣는 법

1. 지혜롭게 배워라

만일 종사가 법상에 올라 설법을 할 때, 그 법문을 듣고 절대로 '천길 낭떠러지를 어떻게 오를 수 있을까' 하는 생각을 지어 퇴굴심을 일으키거나, 늘 들을 수 있는 것이라는 생각을 지어 용이심을 일으키지 말지니라.

모름지기 생각을 텅 비우고 들으면 기연機緣을 발할 때가 있으리니, 말만 배우는 자를 따라서 단지 입으로만 판단하는 것을 취하지 말지니라.

이른바 '독사가 물을 마시면 독을 이루고 소가 물을 마시면 젖을 이룬다. 지혜롭게 배우면 보리를 이루고 어리석게 배우면 생사를 이룬다.'는 말씀이 이것이니라.

若遇宗師가 陞座說法이어든 切不得於法에 作懸崖想하야 生退屈心하며 或作慣聞想하야 生容易心하라. 當須虛懷聞之면 必有機發之時하리니 不得隨學語者하야 但取口辨이어다. 所謂 蛇飮水成毒하고 牛飮水成乳하며 智學成菩提하고 愚學成生死함이 是也니라.

퇴굴심과 용이심

지눌스님께서는 처음 "종사가 법상에 올라 설법을 할 때"라고 하였습니다. 종사宗師의 종宗은 '마루', 곧 제일 높은 곳을 이르는 말로써, '근원지·근본'이라는 뜻으로도 사용되고 있습니다. 따라서 종사는 마음의 근본, 곧 최고의 경지를 깨달은 스승을 가리킵니다.

이와 같은 종사는 대중들이 모인 장소에서 아주 특별한 경우가 아니면 반드시 법상에 앉아 설법을 해야 합니다. 왜냐하면 종사는 부처님을 대신하여 법을 설하는 분이요, 대중의 스승이기 때문입니다.

옛스승들은 "스님이 소중하게 여겨지면 불법도 중하게 여겨지고, 스님이 경망스러우면 부처도 가벼워진다〔僧重則法重 僧輕則佛輕〕"고 하셨습니다.

그러므로 불법佛法을 설할 때는 자리에 앉은 채로 하거나 연단에 그냥 서서 하지 말고, 위의를 갖추고 높은 자리에 앉아 아래를 내려다보며 여법如法하게 해야 합니다. 설법하는 사람이 대접을 받기 위해 그렇게 하라는 것이 아니라, 불법을 존중하는 뜻에서 높은 법좌를 만들고 스님을 중하게 모시라는 것입니다.

율장律藏에도 "낮은 데 앉아서 높은 곳을 보며 설법하지 말라. 길 아닌 데에 서서 길에 있는 사람에게 설법하지 말라. 앉은 사람을 위해 서서 설법하지 말라" 등 설법처에 대해 자세하게 밝히고 있습니다.

여기서 잠시 '**설법**說法'이라는 단어를 풀이해 봅시다.

법法은 삼수(氵)변에 갈 거(去)자를 합한 글자입니다. 물이 흘러가면 모든 것이 깨끗해지듯이, 법으로 다루면 모든 것이 청명해진다는 뜻을 간직하고 있습니다. 설說은 말씀 언言변을 써서, 말을 하기 위해 이리저리 입을 움직이는 모습을 취한 글자입니다.

그러므로 설법이란, 마음을 깨끗하게 하고 모든 업장과 번뇌를 깨끗이 씻어낼 수 있게 하는 진리의 말씀을 설하는 것입니다.

그렇다면 설법을 들을 때는 어떠한 마음가짐으로 임해야 하는가? 그 무엇보다 먼저 스스로 뒤로 물러나는 **퇴굴심**退屈心과 **용이심**容易心을 버려야 합니다.

만일 법문을 듣고 마치 천길 낭떠러지를 줄을 타고 올라가는 것과 같다는 생각을 일으켜서, "어떻게 그렇게 해? 나는 절대로 못 한다"고 하는 퇴굴심을 일으키거나, 그 반대로 자주 들었고 귀에 익은 이야기라 하여 "그까짓 것쯤이야" 하는 용이심을 내어서는 안 된다는 것입니다.

법문을 들을 때 뿐만이 아닙니다. 세상사를 경영함에 있어서도 퇴굴심이나 용이심이 깊으면 이루어지는 것이 없습니다. 너무 용맹심을 내어 급진적으로 매사를 쉽게 해결하려고 해도 성공할 수가 없고, 감히 할 수 없을 것이라는 생각에서 퇴굴심을 내어도 성공할 수가 없습니다. 일도 공부도 중도中道에 서서 임해야 합니다. 마치 거문고 줄을 고르듯이 해야 합니다.

❀

부처님 제자인 수목나〔聞億〕존자는 큰 부잣집의 아들로 태어났으며, 어릴 때부터 어찌나 애지중지하며 키웠던지, 다 자랄 때까지 땅을 밟은 적이 없어 발바닥에 털이 날 정도였다고 합니다.

아이가 장성하자 '부처님을 친견하게 해야겠다'고 생각한 아버지는, 부처님이 계신 곳까지 운하를 파고 배를 띄워서 수목나를 부처님께 보냈습니다. 부처님의 법문을 듣는 순간, 수목나는 깊은 환희심과 함께 진리의 세계가 눈앞에 다가오는 듯하였습니다.

"세속의 일에 끄달리다 보면 진리를 체득할 수 없다. 이 좋은 공부를 하여 도를 이루려면 승려가 됨이 마땅하다."

수목나는 굳은 결심과 함께 출가를 하여 열심히 정진하였습니다. 그러나 얼마 지나지 않아 그 곱던 발바닥이 터졌고, 그가 지나간 자리는 피로 얼룩졌습니다. 이를 보신 부처님께서는 그를 위해 '신발을 신어도 좋다'는 계율을 제정하셨습니다.

수목나는 부처님의 깊은 자비 속에서 필사적인 각오로 공부를 하여 부처님으로부터 '정진제일'이라는 칭호까지 얻었습니다. 그러나 아무리 애를 써도 높은 경지에 이를 수가 없었습니다. 마침내 초조함에 빠진 그는 갈등을 하기 시작했습니다.

"그토록 열심히 수행했건만 도를 이룰 수 없다니? 내가 돈과는 인연이 많아도 도와는 인연이 없는 것인가? 차라리 집으로 돌아가 돈으로 스님들을 위해 길을 닦고 집을 짓고 공양을 올리는 것이 좋지 않을까?"

이때 부처님께서는 수목나 존자의 마음을 읽으시고 그의 앞에 나타나 물었습니다.

"수목나야, 집에 있을 때 무엇을 가장 즐겼느냐?"

"거문고 타기를 즐겼습니다."

"그렇다면 잘 알 것이다. 수목나야, 거문고 줄이 너무 팽팽하면 어떻게 되느냐?"

"소리가 날카로워지고 거문고 줄이 터지기도 합니다."

"줄이 너무 느슨하면 어떻게 되느냐?"

"줄이 늘어지면 소리 또한 축 처져 올바른 소리가 나지 않습니다."

"공부도 그와 마찬가지이다. 너처럼 억지로 애를 쓰며 공부한다고 해서 되는 것이 아니다. 급하면 초조한 마음이 생기고, 초조한 마음이 생기면 마음의 평화를 잃어 도에 계합할 수가 없다. 그리고 지나치게 긴장을 풀어 정진의 줄을 늦추면 태만에 흐르게 되느니라.

마치 거문고 줄을 고르는 것과 같이 공부를 하되, 너무 팽팽하게 하여서도 안 되고 너무 느슨하게 하여서도 안 된다. 모든 신묘한 법이 이 중도中道 가운데 있으니 잘 명심하여라."

수목나 존자는 이 법문을 듣고 중도로써 공부하여 아라한과를 증득하였습니다.

8

법문을 듣는 우리도 마찬가지입니다. 그 법문을 듣고 퇴굴심도 내지 말고 용이심도 내지 말고 중도로써 임해야 합니다. 그리고 그 법문의 내용을 정성껏 내 것으로 만들고자 노력하면 됩니다. 조급한 마음도 내지 않고 게으른 생각도 냄이 없이, 거문고 줄을 고르듯이 닦아가면 됩니다.

속효심도 내지 말고 나태심도 내지 말라
슬금슬금 가다 보면 해 돋을 때 아니 올까

이 옛 노래 속에 중도의 교훈이 잘 담겨져 있습니다.

부지런히 간다고 하여 해가 빨리 뜹니까? 아닙니다. 느릿느릿 간다고 하여 해가 늦게 뜹니까? 아닙니다. 해는 뜰 때가 되면 저절로 뜹니다. 그러므로 도를 닦거나 어떠한 일을 할 때 조급증도 품지 말고 게으름도 부리지 말라는 것이며, 이 원리는 법문을 들을 때도 그대로 적용됩니다.

마음을 비우고 법문을 들어라

깨달음이나 성취는 조급함이나 게으름과 함께하지 않습니다. 그렇다면 무엇과 함께하는가? 번뇌를 텅 비운 마음과 함께합니다. **모름지기 생각을 텅 비우고 들으면** 법문은 온전히 나의 것이 됩니다.

번뇌의 구정물이 꽉 찬 곳에 맑은 물을 부어 보십시오. 물의 탁한 기운이 묽어지기는 하겠지만 역시 구정물이 될 수밖에 없듯이, 잡된 생각으로 가득 찬 마음에 법문을 담으려고 하면 제대로 담기지 않는 법입니다. 그러므로 먼저 마음을, 곧 모든 번뇌망상을 비우라고 한 것입니다.

실로 법문을 들을 때는 나에게 맞다는 생각이나 맞지 않다는 생각, 법문을 잘한다는 생각, 못한다는 생각까지도 비워야 합니다. 법문을 잘한다 못한다, 재미있다 재미없다는 생각도 모두 번뇌 망상이기 때문입니다.

이와 같은 번뇌망상들을 완전히 비울 때 감로수(甘露水), 곧 감로의 법문이 고스란히 담기게 됩니다.

진정한 법문은 말로 설명하고 귀로 듣는 것이 아닙니다. 빈 마음으로 설하고 빈 마음으로 듣는 것입니다.

❁

어느 날 한 외도(外道)가 부처님을 찾아와 물었습니다.

"감히 세존께 말 있음(有言)으로도 묻지 않고 말 없음(無言)으로도 묻지 않습니다. 일러주십시오."

이에 부처님은 조용히 자리에 기대어 앉으셨고, 그 순간 외도는 큰 깨달음을 얻어 무수히 절하였습니다.

"오, 세존이시여! 대자대비로써 저의 미迷한 구름을 확 벗겨주셨습니다. 이 기쁘고 감사한 마음을 어떻게 다 사뢰오리까!"

마음을 완전히 비우고 법문을 청한 외도는 부처님의 참법문을 듣고 대오大悟하였던 것입니다. 외도가 간 뒤 부처님의 곁에 있던 아난 존자가 물었습니다.

"부처님께서는 한 말씀도 없이 기대어 앉았을 뿐인데, 그 외도가 어떻게 깨달음을 얻었습니까?"

"아난아, 가장 훌륭한 말은 채찍과 그림자만 보아도 힘껏 달려가느니라. 아난아, 너는 20년 동안이나 내 곁에 있으면서도 나의 참법문을 듣지 못하고 있다."

이렇게 **마음을 비우고 법문을 듣다 보면 반드시 기연**機緣**을 발할 때**가 있습니다. 기연을 발할 때란 도를 깨닫는 날이 있다는 말입니다. 물론 도는 마음을 비우고 법문을 들을 때만 찾아오는 것이 아닙니다. 마음을 비우고 참선을 하거나 마음을 비우고 기도를 해도 반드시 기연을 만나 감응을 입고 도를 이루게 됩니다. 함께 몇 가지 예를 간략히 살펴봅시다.

중국 당나라 때의 목주睦州스님은 효심이 매우 깊어 출가한 뒤에도 어머니를 모시고 있었습니다. 그러나 '사찰의 재산으로 어머니를 모실 수 없다'고 하면서 저녁마다 짚신을 삼았고, 완성된 짚신을 남대문 밖에 걸어 두면 지나가던 사람들이 짚신을 가져가면서 옆에 있는 주머니에 돈을 넣었습니다. 스님은 그 돈으로 어머니를 봉양했습니다.

한번은 이웃 나라의 왕이 쳐들어왔다가 남대문 밖에 걸려 있는 짚신을 보고, "아, 이 나라에는 도인이 살고 계시는구나" 하고는 군사를 이끌고 돌아갔습니다. 이렇게 위신력이 큰 목주스님이었지만, 살고 있는 토굴 주위에 높은 담을 쌓고 철문을 달아 사람들이 출입할 수 없도록 하였습니다.

그런데 뒷날 운문종雲門宗을 세운 문언文偃선사는 어떠한 어려움이 있더라도 목주스님의 가르침을 받겠다는 결심을 하고 찾아갔습니다.

"무엇하러 왔노?"

"네, 소승은 생사일대사生死一大事를 밝히러…."

"뭐라고? 이놈의 똥자루가!"

스님은 호통과 함께 문언선사의 멱살을 잡고 문밖으로 던져 버렸습니다. 문언선사는 더욱 정진한 다음 다시 스님을 찾았지만, 이때에도 첫 번째와 같은 꼴이 되었습니다. 세 번째는 멱살을 잡히기 전에 발부터 문 안으로 들여놓아야겠다고 다짐하면서 방문하였습니다. 그런데 문을 연 목주스님이 한 발을 들여놓은 문언선사의 멱살을 잡고 소리쳤습니다.

"말해라! 말해!"

문언선사가 주저주저하자 목주스님은 철문을 쾅 닫아 버렸고, 그 바람에 문언선사의 다리가 부러지고 말았습니다. 그 순간 문언선사는 대오大悟하였습니다.

❀

뿐만이 아닙니다. 우리에게 널리 알려져 있는 임제臨濟스님의 할喝이나 덕산德山스님의 방망이[棒] 등의 언어를 떠난 가르침도 기연을 낳는 법문들입니다. 이들은 스승의 자비에 의지하여 도를 깨닫는 경우입니다.

또한 스승이 직접 알려주는 격외格外의 언어를 통하여 도를 깨닫는 경우도 있습니다.

❀

옛날의 큰스님들 중에는 10년 동안 곁에서 시봉을 해도 법문 한마디를 일러주지 않는 이가 많았습니다. 이와 같은 스승 밑에서 수도하던 한 승려는 마침내 회의를 느껴 떠날 것을 결심하였습니다.

"스님, 저는 떠나겠습니다."

"왜 가려 하느냐?"

"10년 동안 스님을 모셨지만 법문 한마디 듣지 못했으니 더 있은들 별수가 있겠습니까?"

"그래? 법문이 뭔데?"

큰스님의 반문에 시자는 어처구니없는 표정을 지으며 말

했습니다.

"불법佛法 말입니다."

"허허, 그것이라면 내게도 조금은 있지."

그리고는 호주머니에서 무엇을 끄집어내어 활짝 펼쳐 보이며 소리쳤습니다.

"자, 법 받아라!"

시자는 그 빈 주먹을 보는 순간 홀연히 깨달았다고 합니다.

§

그리고 이와는 달리 전혀 무관한 소리나 이야기를 우연히 듣고 도를 깨닫는 경우도 많습니다. 곧 특정한 스승에게 의지하지 않고 스스로의 삼매三昧 속에서 기연을 맞아 도를 깨닫는 경우로서, 이렇게 깨달은 스님들이 제일 많습니다. 부처님은 6년 고행을 하시다가 샛별을 보는 순간 확철대오 하셨고, 소동파蘇東坡는 흘러내리는 계곡물 소리를 듣고 깨달음을 얻어 다음과 같은 오도송悟道頌을 지었습니다.

> 시냇물 소리가 그대로 부처님의 장광설인데
> 푸른 산이 어찌 청정법신清淨法身이 아니리
> 이 밤에 팔만 사천 법문을 모두 들었으니
> 훗날 사람들에게 무엇이라 설할거나

또 당나라 때의 설봉雪峰스님은 밤새워 정진하다가 옆 침상에서 자던 암두巖頭스님이 침상에서 굴러떨어지는 소리를 듣는 순간 도를 깨달았습니다. 그리고 이런 기연담도 있습니다.

❀

 가나오나 앉았거나 섰거나 자기의 본래면목이 무엇인가를 생각하던 한 스님이, 어느 날 시장에서 술을 먹고 싸우다가 화해를 하는 두 사람의 대화를 듣게 되었습니다.
 "이 사람아, 자네하고 나하고 그런 사이가 아닌데…. 면목面目이 없네."
 "아닐세, 내가 면목이 없네."
 이 소리를 듣는 순간 그 스님은 도를 깨달았습니다.

❀

 일언지하一言之下에 돈망생사頓忘生死라. 이처럼 한마디 법문에 몰록 생사를 벗어난 예는 너무나 많습니다.
 모름지기 법문을 들을 때는 빈 그릇이 되어야 합니다. 빈 그릇에는 법문을 능히 담을 수 있지만, 그릇이 차 있으면 아무리 좋은 자비법문, 오도법문悟道法門이라 할지라도 담을 수가 없습니다.
 법문을 들을 때는 아무리 좋은 생각이라 하더라도 번뇌망상에 불과합니다. 이를 분명히 자각하여 마음을 비우고 법문에 집중하게 되면 깨달음의 기연은 반드시 찾아들게 마련입니다. 이것이 법法의 문門을 열고 법의 집 안으로 들어가는 요긴한 비결입니다. 잘 명심하시기 바랍니다.

한 가지 주의할 점은 지눌스님의 말씀처럼 말만 듣는 자가 되지 말아야 하고, 법문을 입으로만 되새기는 이가 되어서는 안 된다는 것입니다. 귀로써 듣고 입으로 내뱉으며 비판하는 것. 이것은 지식知識에 불과할 뿐 결코 지혜智慧가 될 수 없습니다.

지식의 지知는 화살 시矢에다 입 구口자를 합한 글자로서, '귀로 들어와서는 입으로 쏙 나와버리는 배움〔入耳出口之學〕'을 가리킵니다.

이구삼촌耳口三寸이라, 우리의 입과 귀의 거리는 세 치밖에 되지 않습니다. 법문은 귀로 듣고 입으로 내뱉기 위해 배우는 것이 아닙니다. 법의 세계, 곧 진리의 세계로 들어가기 위해 배우는 것입니다.

지혜롭게 배워라

그러므로 법문을 듣는 이는 귀로 듣지 않고 마음으로 들어야 하며, '알 지知'가 아니라 '지혜 지智'를 이루어야 합니다. '알 지知' 밑에 '날 일日'자. 태양처럼 밝게 빛나는 지혜의 광명으로 모든 사람을 밝혀주어야 합니다. 이를 더욱 강조하기 위해 지눌스님께서는 옛 말씀을 인용하였습니다.

독사가 물을 마시면 독을 이루고   蛇飮水成毒
소가 물을 마시면 젖을 이룬다   牛飮水成乳
지혜롭게 배우면 보리菩提를 이루고   智學成菩提
어리석게 배우면 생사生死를 이룬다   遇學成生死

독사가 마시는 물과 소가 마시는 물. 이 둘은 같은 물인데도 이루는 것이 다릅니다. 똑같은 법문을 듣고 어떤 사람은 도를 깨치는데 어떤 사람은 도를 깨치지 못합니다. 어떤 사람은 태양과 같은 광명을 뿜어내고 어떤 사람은 더욱 암담해지기도 합니다.

독을 만들 것인가, 젖을 만들 것인가?

보리菩提(깨달음)를 이룰 것인가, 생사를 이룰 것인가?

그 열쇠는 각자가 쥐고 있습니다. 마음 가득 번뇌망상을 담고 말만 배우고자 하거나 지식 충족의 수단으로 법문을 듣는다면 생사 이외에는 이루어 낼 수 있는 것이 없지만, 스스로가 온전히 마음을 비우고 집중하여 법문을 들으면 틀림없이 큰 깨달음을 이룰 수 있습니다.

부처님과 모든 선지식이 한결같이 말씀하셨듯이, 모름지기 마음을 비우고 법문을 듣도록 합시다. 그리고 그 법문을 되새겨 나의 것으로 만듭시다. 머지 않은 날, 틀림없이 큰 깨달음이 찾아들 것이니….

2. 법문을 나의 것으로

또 법을 주관하는 스님에 대하여 업신여기는 생각을 내지 말라. 이로 말미암아 도에 장애가 있게 되고 수행에 진전이 없게 되나니, 모름지기 간절히 삼가할지니라. 논에 이르기를, "어떤 사람이 길을 가다가 횃불을 들고 가는 죄인을 만났을 때, 그 죄인이 밉다고 하여 불빛까지 받아들이지 않으면 구렁텅이에 빠지고 만다"고 하셨도다.

그러므로 법문을 들을 때는 마치 얇은 얼음을 밟는 것과 같이 조심하고, 귀와 눈을 기울여 깊은 말씀을 들을 것이며, 육정六情과 육진六塵을 가다듬어 그 깊은 뜻을 음미해야 할지니라. 법문이 끝나면 묵묵히 앉아 관해 보다가, 의심이 생기면 널리 아는 이에게 물어야 하며, 아침저녁으로 생각하고 물어서 실낱만큼이라도 틀리게 하지 말지어다. 이렇게 하여야 비로소 올바른 신심을 내어 도로써 자기 일을 삼는 자라고 할 수 있느니라.

又不得於主法人에 生輕薄想하라. 因之於道에 有障하야 不能進修하

리니 切須愼之어다. 論에 云하되 如人이 夜行에 罪人이 執炬當路어든
若以人惡故로 不受光明하면 墮坑落塹去矣라하시니
聞法之次에 如履薄氷하야 必須側耳目而聽玄音하며 肅情塵而賞幽致
라가. 下堂後에 黙坐觀之하되 如有所疑어든 博問先覺하며 夕惕朝詢하
고 不濫絲髮이어다. 如是라야 乃可能生正信 以道爲懷者歟인저.

법사를 업신여기지 말라

법을 주관하는 스님(主法人)은 법주法主 또는 법사法師라고도 합니다. 지눌스님께서는 법을 주관하는 스님의 겉모습이 보잘것없다거나 설법의 내용이 서툴고 마음에 들지 않는다고 하여 '시원치 않다', '못났다'는 등의 생각을 일으키거나 가벼이 여겨서는 안 된다는 것을 강조하고 있습니다.

세상 사람들 중에는 일곱 가지를 믿고 교만심을 일으키는 사람이 있습니다.

① 세상사에 대해 지혜롭다고 믿는 것〔恃世智聰〕
② 고귀한 지위에 있음을 믿는 것〔恃高貴位〕
③ 나이가 많음을 믿는 것〔恃年臘尊〕
④ 가문이 훌륭함을 믿는 것〔恃門族大〕
⑤ 보고 들은 것이 남보다 많다고 믿는 것〔恃見聞大〕
⑥ 복덕이 많다고 믿는 것〔恃福德大〕

⑦재산이 많음을 믿는 것〔恃富饒大〕

　그런데 처음 발심한 사람들 중에도 이러한 이들이 있습니다. 공부를 오래한 이라 할지라도 감히 교만을 부릴 것이 아니거늘, 처음 발심한 이로서 이들 일곱 가지를 믿고 교만한 마음을 일으켜 법과 법사를 무시하게 되면, 해탈을 향해 나아가는 길을 스스로 가로막는 결과를 초래하게 됩니다. 실지로 이와 같은 예는 매우 많습니다.

※

　지눌스님께서는 금나라 장제章帝 왕비의 불치병을 치료해 주고 장제의 셋째 아들인 감당湛堂을 제자로 삼아 함께 귀국길에 올랐습니다. 감당의 당시 나이는 15세 정도에 불과하였지만, 매우 똑똑하였고 인물이 빼어났습니다. 감당은 자기보다 키도 작고 못생긴 지눌스님을 따라가다가 내심 불만을 품었습니다.
　'아휴, 저렇게 작고 못난 스님에게 뭐 배울 것이 있을라고?'
　그런데 지눌스님이 걸음을 멈추고 돌아서서는 말하는 것이었습니다.
　"그럼 키 큰 사람이 앞서가시게."
　감당은 스님이 자기의 마음을 꿰뚫어 보고 말씀하시자, 크게 놀라 죽을 죄를 지었다고 백배사죄하였습니다. 송광사에 도착한 지눌스님은 한 암자에 감당을 머무르게 하고 말하였습니다.

"저곳에서 3일 동안만 정신을 집중하여 마음을 흩어지지 않게 하면 견성성불할 수 있다."

감당은 스님의 말씀대로 3일 동안 정진하여 3일 만에 확철대오하였고, 이후 암자를 삼일암三日庵이라고 부르게 되었습니다.

§

만일 스승을 업신여기는 감당의 교만이 계속되었다면 일평생을 수도해도 도를 이룰 수 없었겠지만, 스승의 위대함을 알고 곧바로 참회한 뒤 스승의 가르침을 절대적으로 믿음으로써 3일 만에 도를 깨우칠 수 있었던 것입니다.

일찍이 부처님께서는 불자들이 의지해야 할 네 가지 법〔四依法〕에 대해 말씀하셨습니다.

①법에 의지하고 사람에 의지하지 말라〔依法不依人〕
②지혜에 의지하고 분별식에 의지하지 말라〔依智不依識〕
③뜻에 의지하고 말에 의지하지 말라〔依義不依語〕
④요의법문에 의지하고 불요의법문에 의지하지 말라〔依了意不依不了意〕

이와 같이 우리 불자들은 진리와 지혜와 참된 뜻과 진리의 세계를 완벽하게 설한 요의법문了意法門에 의지하여 깨달음의 세계로 나아가야 합니다. 만일 법문의 내용보다 사람의 겉모습이나 나의 주관적인 생각, 번지르르한 말, 방편설인 불요의법문에 빠져들게 되면, 깨달음은 영원히 나의 것이 될 수 없습니다.

겉모습만을 중요시하는 삶! 바꾸어 말하면 이는 나 자신의 수준이 그 정도밖에 되지 않음을 나타내는 것일 뿐입니다.

❀

조선을 개국한 태조 이성계는 무학대사無學大師와 아주 절친한 사이였습니다. 어느 날 태조는 무학대사에게 뜻밖의 제안을 했습니다.

"오늘은 우리 두 사람이 마음을 탁 터놓고 농담을 해 봅시다."

"농담이라니요."

"어허, 탁 터놓고 농담을 하자는데 뭘 그러시오. 제가 먼저 할까요?"

"하시지요."

"스님 대가리는 꼭 쇠 불알 같소."

"대왕님 머리는 꼭 부처님 머리 같습니다."

"그게 어디 농담이요?"

"제 눈에 그리 보이는 것을 어찌하겠습니까?"

"스님의 입은 꼭 돼지주둥이 같소."

"대왕님 입은 꼭 부처님 입 같습니다."

"아, 또 그러시네."

그러자 무학스님이 말하였습니다.

"부처님 눈에는 모든 것이 부처로 보이고, 돼지 눈에는 모든 것이 돼지로 보이지요."

"부처의 눈에는 모든 것이 부처로 보이고, 돼지의 눈에는 모든 것이 돼지로 보인다"는 이 말처럼, 모든 것은 자기 수준만큼만 보여진다는 것입니다. 그러므로 교만하고 건방진 생각에 사로잡힌 채 법사를 판단하여서는 안 되고, 법문을 들어서도 안 됩니다.

이 교만과 그릇된 고집을 비우게 되면, 우리의 주위에 가르침을 받을 만한 스승이 얼마든지 있다는 것을 알게 됩니다. 그렇지만 외형만 보고 도를 구하면 참다운 가르침을 얻을 수 없습니다.

신라의 원효대사元曉大師가 요석공주로 인해 파계를 하고 난 뒤, 뒤웅박을 차고 거지대장 행색을 하고 광명진언光明眞言과 무애가無碍歌를 부르면서 여기저기 돌아다니며 많은 사람들을 깨우쳤습니다. 어느 날 영일만 근처에 이르렀을 때, 그 근처에 사는 몇몇 놈팡이들이 물고기를 잡아 냄비에다 삶으면서 원효대사를 보고 빈정거렸습니다.

"어이 파계승, 이거나 처먹고 가게."

"그래, 그럼 좀 먹어 볼까."

자리에 앉은 원효대사는 눈 깜짝할 사이에 삶아 놓은 고기를 모두 먹었습니다.

"어? 먹으라니까 진짜 다 먹어 버렸네."

"아까운가? 그렇다면 도로 내어 놓지."

그리고는 도랑으로 가서 똥을 누니 살아 있는 물고기가 나와 헤엄을 치며 사라졌습니다.

"너희들이 먹으면 똥이 되지만, 내가 먹으면 산 고기가 되어서 나온다〔汝屎吾魚〕."

8

이와 같이 형색만 보고 사람을 판단하다 보면 큰 실수를 범하게 될 뿐만 아니라 도道와는 점점 멀어지게 되고 맙니다. 이 때문에 지눌스님께서는 논論에 있는 말씀을 인용하신 것입니다.

"어떤 사람이 길을 가다가 횃불을 들고 가는 죄인을 만났는데, 그 사람이 밉다고 하여 불빛까지 받아들이지 않으면 구렁텅이에 빠지고 마느니라."

실로 그러합니다. 법문은 등불과 같은 것입니다. 그런데 법사가 밉고 우습게 보인다는 이유 때문에, 두 눈을 가리고 그가 들고 있는 등불의 빛을 거부하면 어떻게 되겠습니까?

결국 불도佛道를 성취하기는커녕 깜깜한 구렁텅이에 빠지고 말 것입니다.

설혹 그 법사에게 죄가 있고 허물이 있어 밉게 느껴지더라도, 그가 지닌 법까지 미워해서는 안 됩니다. 사람을 미워하다 보면 진리까지 외면하게 되고, 진리를 외면하는 올바르지 못한 삶에 빠지면, 도는 고사하고 불행을 초래하지 않을 수 없게 됩니다.

바로 이 때문에 지눌스님께서는 법사를 업신여기거나 미워하지 않아야 한다는 것을 간곡히 설한 것입니다.

얇은 얼음 밟듯이

그럼 법문을 들을 때는 어떠한 자세로 들어야 하는가? 지눌스님께서는 "마치 얇은 얼음을 밟는 것과 같이 조심하되, 반드시 귀와 눈을 기울여 깊은 말씀을 들을 것이며, 육정六情과 육진六塵을 가다듬어 그 깊은 뜻을 음미해야 한다"고 하셨습니다.

이 가르침 중 '깊은 말씀〔玄音〕'은 아주 이치가 깊은 말, 곧 해탈법문解脫法門을 가리킵니다. 이와 같은 해탈법문을 들을 때는 귀와 눈을 기울여 듣고 육정과 육진을 가다듬어 깊은 뜻을 음미해야 한다는 것입니다.

법문을 들음에 있어 귀로 법사의 말씀을 경청하고 눈으로 법사를 우러러보는 것은 너무나 당연한 일입니다. 그런데 육정과 육진을 가다듬어 깊은 뜻을 음미하라는 것은 무슨 말씀인가?

육정六情은 눈(眼)·귀(耳)·코(鼻)·혀(舌)·몸(身)·뜻(意)으로 육근六根의 다른 이름이며, 육진은 색(色)·소리(聲)·냄새(香)·맛(味)·감촉(觸)·법(法)으로 육경六境의 다른 이름입니다. 따라서 법문을 들을 때는 감각의 대상을 좇아 제각각 흩어지는 모든 감각기관을 하나로 모아 법문의 깊은 뜻을 들으라는 말씀이요, 일심으로 법문을 들으라는 말씀입니다.

❀

만일 불자들이 익히 알고 있는 『열반경』의 설산동자雪山童子와 같은 자세로 법문을 듣는다면 법문을 듣는 바로 그 자리에서 깨달음을 이룰 수 있습니다.

석가모니불께서는 전생의 설산동자 시절에 나찰로부터 "무상하게 흘러가는 것(諸行無常), 이것이 생멸법이다(是生滅法)"라는 완성되지 못한 게송의 앞부분을 듣고, 뒷부분인 "이 생멸법이 다하면(生滅滅已) 고요하고 행복하도다(寂滅爲樂)"를 듣기 위해 나찰에게 몸을 보시하였습니다.

이 인연으로 석가모니불은 성불을 12겁 앞당기게 되어 미륵보살보다 먼저 무상대도를 이루었다고 합니다. 여래의 바른 법을 위해 몸을 아끼지 않았기 때문입니다.

누구나 지극한 마음가짐으로 법문을 듣고, 몸을 잊은 채 법을 구하게 되면 한량없는 겁을 뛰어넘어 해탈을 얻을 수가 있습니다. 위법멸신爲法滅身! 법을 위해 이 몸을 기꺼이 버릴진대 어찌 도를 이루지 못하겠습니까?

물론 대부분의 사람들은 설산동자처럼 지극한 구법求法의 정성을 보이기 힘들 것입니다. 그렇지만 일단 법문을 들을 때는 온몸과 마음으로 들어야 합니다. 살얼음을 딛고 강을 건너듯 육정과 육진을 하나로 모아 법문을 받아들이고자 해야 합니다.

법문은 언어와 문자를 매개체로 하되 언어와 문자를 떠난 것입니다. 그러므로 불자들은 법문을 귀로 듣고 입으로 내뱉는 것으로 그쳐서는 안 됩니다. 귀로 듣되 입으로 나오는 것이 아니라 마음속으로 들어가 수행하는 사람들의 피와 살이 되게끔 해야 합니다. 이것이 바로 진짜 법문을 듣는 사람의 자세입니다.

그럼 법문을 들은 다음에는 어떻게 해야 하는가?

지눌스님께서는 "법문이 끝나면 묵묵히 앉아 관하라〔默坐觀之〕"고 하셨습니다.

모름지기 도를 닦는 이는 다음의 네 가지를 갖추어야 합니다.

①친근현선親近賢善: 법을 잘 아는 선지식善知識, 곧 스승을 잘 만나야 합니다.

②친문정법親聞正法: 부처님의 정법을 가까이 해야 합니다. 만일 아무리 이름 있는 이의 말일지라도 삿된 법문이라면 기꺼이 마다할 줄 알아야 합니다.

③사유기의思惟其意: 들은 법문의 뜻을 잘 생각하여 자기의 것으로 만들라는 것으로, 묵좌관지가 곧 이것입니다.

④여설수행如說修行: 일단 자기의 것으로 만든 법문의 내용대로 잘 실행해야 합니다.

이렇게 하나하나를 짚어보면 특별한 가르침 같이 보이지만, 실제에 있어서는 너무나 상식적인 이야기입니다. 스승을 잘 만나, 좋은 가르침을 받고, 자기의 것으로 만들어서, 잘 활용하는 것. 이것은 세속의 어느 가르침에도 한결같이 적용됩니다.

그러나 자기 것으로 만들기까지가 문제입니다. 일반적인 공부나 기술도 배우기만 하고 복습하지 않으면 90% 이상을 잊어버리게 마련입니다. 기억이란 단순한 것이어서 망각의 먼지가 쌓여 버리면 그만입니다. 그러므로 내가 알고 있는 것을 내 것으로 하기 위해서는 묵묵히 앉아 곰곰이 생각하며 관해야 합니다.

우리나라의 법회에서는 법사의 법문이 끝나면 공지사항을

하고 흩어지기 바쁜데, 이렇게 하는 것은 그다지 좋지 않은 법회의 모습입니다. 법문을 들었으면 '묵좌관지'를 해야 합니다. 법문의 내용을 나의 것으로 만드는 묵좌관지의 시간을 가져야 합니다.

부처님 당시부터 오늘날에 이르기까지, 외국의 여러 나라에서는 꼭 법문을 되새겨 나의 것으로 만드는 묵좌관지의 시간을 가졌고 현재도 그 시간을 갖습니다. 우리도 반드시 법회 끝에 이 묵좌관지의 시간을 가져 법문의 생명력을 오래 유지할 수 있도록 하기를 이 산승은 두 손 모아 간곡히 청합니다.

그리고 의심나는 바가 있으면 반드시 선지식善知識에게 물어야 합니다. 곧 법문 가운데 의심나는 부분이 있으면 반드시 덕을 겸비한 선지식을 찾아가서 물어야 합니다. 그리고는 아침저녁으로 그 법문을 생각하며 깨달음의 세계로 나아가야 합니다.

옛 수행인들은 하루해가 서산으로 지고 나면 '오늘 내가 이룬 것이 무엇인고' 하면서 두 다리를 뻗고 울었습니다. 그리고 공부를 할 때 잠이 자꾸 오면 송곳으로 허벅지를 찌르면서 정신을 집중시켰다고 합니다. 그분들은 아침부터 이를 악물며 공부하였고, 저녁이 되면 세상이 무상無常한 것을 두려워하였습니다.

공자님도 "아침에 도를 들으면 저녁에 죽어도 좋다"고 하셨습니다. 물론 여기에서 '도를 듣는다'는 말은 도를 깨친다는 말로써, 바로 일념삼매一念三昧에 들어가 모든 번뇌가 사라진 무심無心의 경지에 계합契合함을 뜻합니다.

염불·참선·경전공부, 그 밖의 어떠한 수행도 일념삼매·무심삼매에 이를 때까지는 열심히 매진해야 합니다. 그런데 이 삼매에 이르려면 무엇보다 바른 믿음, 곧 정신正信이 선행되어야 합니다.

세상에는 여러 종류의 믿음이 있습니다. 틀린 줄 알면서도 버리지 못하고 믿는 것을 사신邪信이라 하고, 알지도 못하면서 덮어놓고 믿는 것을 미신迷信이라 하며, 다른 사람이 믿으니까 그저 믿는 것을 맹신盲信이라고 합니다.

그렇다면 정신正信이란 무엇인가? 마음이 모든 것의 근본이 된다는 진성연기眞性緣起, 곧 자기의 마음자리에서 모든 것이 일어남을 굳게 믿는 것을 바른 신심信心이라고 합니다.

불교는 신심信心으로 이루어진 종교입니다. 다른 종교와 달리 불교에서는 신앙信仰을 불문佛門으로 인도하기 위한 하나의 방편으로 보고 있습니다. 따라서 불문 안으로 들어서기 위해서는 단순한 신앙이 아니라 철저한 신심이 있어야 합니다.

곧 바른 신심을 세우기 위해 법문을 듣고 기도도 하고 염불도 하는 것입니다. 그리고 일단 바른 신심이 생겨나면 자신감과 기쁨이 생겨나고, 그로 인해 일념삼매·무심삼매에 도달할 수 있게 됩니다.

※

 석남사에 계셨던 월하스님은 붓글씨를 배울 때 옥류동 반석 위에다 글씨를 썼습니다. 칡덩굴 가지의 끝을 찧어 붓처럼 만들고 숯물로써 먹물을 대신하였는데, 글씨를 쓴 다음 잘 썼나 못 썼나를 스스로 판단한 뒤 물로 지우곤 하였습니다.
 하루는 어찌나 글씨가 잘 써지던지 정신없이 연습을 했습니다. 그런데 어느 정도 쓰고 나니 배가 고파졌습니다. '이제 그만 쓰고 밥을 먹어야지' 하면서 주위를 둘러보니 사방은 깜깜하였고, 새벽예불을 알리는 종소리가 들려왔습니다.
 결국 밤이 온 것도 모르고 깜깜한 어둠 속에서 글을 쓴 것인데, 일념삼매·무심삼매에 들면 붓끝에서 광명이 나서 글씨를 쓸 수 있습니다.

※

 또 나의 스승인 고경古鏡스님도 경전을 읽다가 무심삼매에 드는 일이 많았습니다.
 한번은 양산 통도사 비로암에서 『법화경』을 읽고 있었습니다. 열심히 소리를 내어 첫 장부터 끝장까지를 다 읽고 책장을 덮었는데, 그 순간 칠흑 같은 어둠이 주위를 감싸고 있었습니다. 다시 경전을 펼쳐 보았으나 한 글자도 보이지 않았다고 합니다.

이와 같은 일념삼매·무심삼매에 도달하게 되면 저절로 자성중생自性衆生·자성법문自性法門·자성불도自性佛道를 이룰 수 있게 되고, 자연히 다른 사람도 섭수攝受할 수 있게 되는 것입니다.

실로 이 모든 것의 시작은 법문입니다. 그러므로 무엇보다 먼저 지극한 마음으로 법문을 들어야 합니다. 그리고 들은 법문을 깊이 사유하여 나의 것으로 만들고 바른 믿음을 정립해야 하며, 일념삼매로 무심삼매를 이루어 삼계의 불타는 집〔三界火宅〕을 벗어나야 합니다.

이렇게 할 때 비로소 겉과 속이 하나의 도道로 통하는 진짜 불제자가 되는 것입니다. 이를 잘 명심하여 법문을 들을 때 조금도 게을리하는 일이 없기를 당부드립니다.

VI 간절히 힘쓸지어다

1. 윤회를 벗어나고자 하거든

비롯함이 없는 옛적부터 익혀 온 애욕과 성내는 마음과 어리석은 생각이 마음에 얽히고설켜 잠깐 수그러졌다가는 다시 일어나는 것이 마치 하루거리 학질과 같나니, 일체의 시간 속에서 가행방편과 지혜의 힘을 써서 번뇌를 능히 막고 마음을 보호해야 하느니라. 어찌 한가로이 근거 없는 이야기로 세월을 헛되이 보내면서 마음자리를 깨달아 윤회를 벗어나는 길을 구할 수 있겠는가!

다만 뜻과 절개를 굳건히 지니고 자기의 몸을 꾸짖어 게을리하지 말며, 그릇됨을 알았거든 선한 데로 옮겨서 고치고 뉘우치고 부드럽게 만들지니라〔改悔調柔〕. 이렇게 부지런히 닦다 보면 관觀하는 힘이 더욱 깊어지고, 갈고 닦을수록 수행의 문이 점점 밝아지느니라.

無始習熟한 愛欲恚癡가 纏綿意地하야 暫伏還起호대 如隔日瘧하나니 一切時中에 直須用加行方便智慧之力하야 痛自遮護언정 豈可閒謾으로 遊談無根하야 虛喪天日하고 欲冀心宗而求出路哉리오.

但堅志節^{단견지절}하야 責躬匪懈^{책궁비해}하며 知非遷善^{지비천선}하야 改悔調柔^{개회조유}어다. 勤修而觀^{근수이관}力^력이 轉深^{전심}하고 鍊磨而行門^{연마이행문}이 益淨^{익정}하리라.

삼독심을 다스려라

지눌스님께서는 이 글의 첫머리에서 "비롯함이 없는 옛적부터 익혀온 애욕과 성내는 마음과 어리석은 생각〔無始習熟^{무시습숙} 愛欲恚癡^{애욕에치}〕"이라 하였습니다.

'비롯함이 없다〔無始^{무시}〕'는 말은 한량없는 시간, 인간이 추측할 수 있는 가장 긴 시간을 의미합니다. 이 시간 동안 우리는 무수히 많은 것을 익혀 왔습니다. 무시無始 이래…. 시간뿐만이 아닙니다. 공간적으로 볼 때에도 마찬가지입니다.

우리가 영국 그리니치 천문대의 망원경을 통해 볼 수 있는 별은 약 6백억 개가 되는데, 눈 깜짝할 사이에 수백 개의 별이 사라지고 또 새로 태어난다고 합니다. 그렇다면 이 우주에 가득 찬 별을 어떻게 다 셀 수가 있겠습니까?

이러한 시간과 공간 속에서 우리는 무수히 많은 것을 익혀 왔습니다. 곧 이러한 대우주의 시간과 공간 속에서 무언가를 익히며 살아가고 있는 것이 우리들의 삶입니다.

우리는 대우주의 시작도 끝도 없는 시간과 공간 속에서 나서는 죽고 죽어서는 다시 태어나기를 끝없이 되풀이하면서, 매 순간마다 무엇인가를 끊임없이 익혀 온 존재들입니다.

그렇습니다. 무엇인가를 분명히 익혀 왔고, 지금도 익히고 있습니다. 과연 무엇을 익혀 왔는가? 도대체 어떠한 버릇을 익혀 왔기에 지금의 나는 자유롭지 못한 삶, 고통의 삶을 받고 있는 것인가?

바로 애욕과 성내는 마음과 어리석은 생각, 곧 탐진치貪瞋癡 삼독심을 익혀 왔기 때문입니다.

인간의 욕심은 보통 재욕財欲·색욕色欲·식욕食欲·명예욕名譽欲·수면욕睡眠欲 등의 다섯 가지로 나누는데, 이 오욕五欲 가운데 음식·색·수면에 대한 욕심이 근본이 됩니다.

이것은 무시이래無始以來 익혀온 것이기 때문에 누가 가르쳐 주지 않아도 스스로 잘 행합니다. 배고프면 밥을 찾고, 이성과 함께 하고 싶어하며, 졸리면 잠 속으로 빠져드는 것입니다. 그러므로 이와 같은 욕망을 제어하기란 결코 쉽지가 않습니다.

그런데 이와 같은 욕심의 근원을 자세히 들여다보면 모두가 '먹고 싶다', '하고 싶다', '자고 싶다'는 등의 '싶다'에서 출발합니다. 곧 나에게 맞는 것이 탐욕을 유발하는 것입니다.

그러나 생사윤회生死輪廻의 세계, 곧 상대적인 세계에 살다 보면 자기가 하고 싶은 대로 모든 일이 되지 않습니다. 오히려 나에게 맞지 않는 일이 많이 생겨나게 됩니다. 이렇게 맞지 않는 일이 생기면 성을 내게 되고, 성질을 참지 못하면 여러 가지 어리석은 짓을 행하게 되는 것입니다.

이 도를 이루는 것을 방해하는 세 가지 독소, 곧 탐욕과 분노와 어리석음의 삼독심三毒心은 어떠한 세계를 만들어내는가? 이 삼독심의 세계에 대해 살펴봅시다.

흔히 과학에서는 1차원에서 4차원의 세계까지를 이야기합니다. 1차원의 세계는 일직선상에서 앞으로만 갈 줄 알았지 옆으로는 갈 줄 모르는 선線의 세계이고, 2차원은 앞과 옆을 함께 볼 줄 아는 평면의 세계이며, 3차원은 입방형立方型으로 앞과 옆, 아래와 위를 모두 볼 줄 아는 세계입니다.

3차원까지는 시간을 떼어놓고 공간만 바라본 세계인데, 여기에 시간을 합치면 시간과 공간이 하나로 일치되는 4차원의 세계, 곧 절대의 세계가 나타나게 됩니다. 이 절대의 세계에 들어서면 모든 욕심을 떠나게 되고, 생사生死를 거슬러 해탈을 이루게 됩니다.

그러나 인간이 사는 세계는 상대의 세계, 곧 3차원의 세계입니다. 이 3차원의 세계에서는 근본 욕심의 불완전 해소로 인해 탐욕과 분노와 어리석음이 끊임없이 일어나게 되고, 이와 같은 삼독심으로 말미암아 삼악도三惡道라 불리우는 지옥과 아귀와 축생의 세계가 생겨나는 것입니다.

『능엄경』 제6권과 제7권에는 18대지옥이 어떻게 해서 만들어지는가를 밝혀놓은 흥미로운 문답이 수록되어 있습니다. 이를 조금 각색하여 쉽게 옮겨 보겠습니다.

"이 더운 여름에 한빙지옥寒氷地獄이 어떻게 해서 생겨나게 됩니까?"

"얼음지옥은 중생의 탐욕심으로 인해 생기느니라. 탐욕심을 달리 말하면 모든 것을 나의 것으로 잡아당기는 마음인데, 남이 먹고자 하는 것도 내가 잡아당겨서 먹고, 남이 하고자 하는 것도 내가 잡아당겨서 하고, 남이 가지고자 하는 것도 내가 잡아당겨서 갖기 때문에 얼음지옥이 생겨나게 되느니라. 마치 더운 여름철에 입을 오므려 공기를 훅 들이켜면 입 끝에 찬 기운이 생겨나는 것과 같나니, 모든 것을 탐하여 잡아당기다 보면 자신도 모르는 사이에 얼음지옥에 갇히게 되느니라."

원하는 것을 내 것으로 만들기 위해, 탐욕심으로 한평생 잡아당기기만 하고 베풀거나 풀어놓을 줄 모르면, 얼음지옥이 생겨나지 않을 수 없는 것입니다. 이 얼음지옥은 절대적인 능력을 갖춘 그 누군가가 만들어내는 것이 아닙니다. 중생의 탐욕심이 얼음지옥을 만들어내고, 스스로 그 업으로 인해 갇히게 되는 것입니다.

"도산지옥刀山地獄(칼산지옥)이 있다는데, 그 지옥은 어떻게 해서 생겨납니까?"

"모든 것이 나에게 맞지 않고 제 마음대로 되지 않으면 성을 내게 된다. 바로 성을 확 내는 순간 칼끝 같은 성질이 삐쭉 솟

아니게 되고, 성내는 일이 많아지게 되면 무수히 많은 칼로 만들어진 칼산지옥이 생겨나느니라."

실로 우리가 성을 내면 그 순간에 칼 끝 같은 날카로운 것이 튀어나가 남을 찌르고 나 자신도 찌르게 되는데, 이것이 칼산지옥이 생겨나는 원인이 되는 것이요, 죽고 나면 그곳에 떨어져 큰 고통을 당하게 된다는 것입니다.

이처럼 탐욕과 분노와 어리석음에 빠지다 보면 무명無明, 곧 어두움이 마음을 덮어 정확한 판단을 내릴 수 없게 만들어 버립니다. 그리고 정확한 판단을 내릴 수 없으면 우왕좌왕하게 되고, 그러다 보면 끝없이 생사윤회를 되풀이하게 되는 것입니다.

그러므로 수행인이라면 모름지기 먹고 싶은 것을 먹지 않고, 갖고 싶은 것을 갖지 않고, 하고 싶은 것을 하지 않음으로써 탐욕과 분노와 어리석음의 굴레를 근원적으로 벗어나는 철저한 수행을 해야 합니다.

물론 수행인도 인간이요 인간의 몸을 받고 태어난 이상, 오랫동안 몸에 익혀온 탐욕과 분노와 어리석음이 완전히 사라지지는 않았을 것입니다. 그리고 그 삼독심은 도를 추구하는 마음이 나태해지거나 흔들릴 때 마치 하루거리 학질처럼 머리를 들고 일어나게 마련입니다. 이럴 때가 중요합니다. 그래서 지눌스님께서는 당부하셨습니다.

잡담 아닌 법담을 하라

일체의 시간 속에서 가행방편과 지혜의 힘을 써서 번뇌를 능히 막고 마음을 보호해야 하느니라.

지눌스님께서는 삼독심에 자기를 내맡긴 채 한가로이 있어서는 안 된다고 하셨습니다. 어떻게 하든 일체의 시간 속에서 신심을 북돋우는 가행방편加行方便을 찾고 지혜의 힘을 길러야 한다고 하셨습니다.

가행방편! 가행加行은 '가미加味한다'는 뜻입니다. 한약을 짓는데도 기본 약재로만 짓는 법이 있고 여러 약재를 더 첨가하여 짓는 가미법이 있습니다.

일반적으로 사물탕四物湯이라 하면 당귀·천궁·작약·감초로 만드는 것이지만, 가미사물탕은 이 네 가지에다 오미자·산마·대추·생강 등을 더 넣게 됩니다. 이렇게 가미를 하면 조화가 더욱 잘 이루어져서 약효가 한층 더 좋아지게 된다는 것입니다.

이처럼 수행인들은 교묘한 가행방편을 써서 탐욕과 분노와 어리석음을 능히 막고 스스로의 도심道心을 보호해야 합니다. 그리고는 부지런히 마음자리를 찾아 들어가서 해탈을 이루어야 합니다.

생사윤회를 벗어나 견성성불見性成佛하는 것, 이것이 바로 우리의 목표요 이 길을 향해 끊임없이 정진하는 것, 이것만이 우리의 할 일이 아니겠습니까! 그러므로 지눌스님께서는 한가로이 근거 없는 이야기로 세월을 헛되이 보내는 일이 없도록 하라고 하셨습니다.

한가로이 근거 없는 이야기는 잡담이요, 수행인이 해야 할 이야기는 법담法談입니다.

❀

부처님께서 기원정사에 계실 때의 일입니다. 제자들이 모여 앉아 세속에 있을 때의 이야기를 하고 있었습니다. 도둑들과 싸운 이야기, 술을 마시며 즐겼던 이야기, 먹고 입고 살았던 이야기 등 서로의 사연과 경험을 털어놓으며 시간을 보내고 있었습니다. 그때 부처님께서 그 자리로 오셔서 말씀하셨습니다.

"비구들이여, 그와 같은 잡담을 그만두도록 하여라. 그러한 말들은 아무런 의미가 없다. 선한 마음을 기르는 이야기도 아니요, 수행에 도움을 주는 이야기도 아니며, 열반을 얻는데 도움이 되는 이야기도 아니다.

만일 너희들이 이야기를 하고 싶거든 법法에 대한 이야기를 하여라. 욕심을 적게 하여 만족하는 방법, 믿음에 대한 이야기, 계戒·정定·혜慧에 관한 이야기, 중생을 제도하고 해탈을 얻는 이야기를 하여라. 그와 같은 이야기라면 능히 번뇌를 끊고 삼악도를 벗어날 수 있게 하느니라."

부처님의 말씀을 들은 비구들은 기뻐하며 받들어 행하였습니다.

부처님께서 깨우쳐주신 것처럼 불자들이 모이면 오로지 법담法談을 해야 합니다. 우리 불자들은 법회 때나 법당에서 기도를 할 때 너무나 엄숙하고 진지합니다. 그런데 법회가 끝나거나 방에 모여 쉴 때는 가슴 속에 묻어 놓았던 불평·불만부터 시작하여, 직접 관계도 없는 세상 구석구석의 일까지를 평하고 욕하고 이야기하는 경우가 많습니다. 그야말로 법담이 아닌 잡담으로 시간을 보내는 것입니다.

잡담이 아니라 법담을 하는 것! 이것을 지눌스님께서 강조하신 것이요, 그 자체가 바로 나와 남을 함께 살리는 법보시法布施입니다. 그리고 법담을 하는 것이 생활화되면 어디에서나 저절로 법보시를 행하게 됩니다.

우리 모두 부처님의 제자답게, 나와 남을 함께 향상의 길로 인도하고 깨달음의 길로 인도하는 법담을 생활화해 봅시다. 잡담이 아닌 법담은 불법승 삼보의 은혜를 가장 잘 갚는 방법입니다. 자신 있게, 능력껏 법담을 하고 법보시를 행하는 불자가 될 때 우리의 공부는 저절로 향상하고 이루어지는 것입니다.

초심을 굳게 지켜라

이어 지눌스님께서는 "다만 뜻과 절개를 굳게 지녀라[但堅志

節"며 수행인을 위한 처방전을 내렸습니다. 이것은 바로 초심初心에 대한 절개요, 처음 도를 닦겠다고 맹세하였을 때의 그 마음을 지키라는 말씀입니다.

수행인은 모름지기 대나무와 같은 절개를 지켜야 합니다. 대나무는 속이 비어 있음에도 불구하고 마디〔節〕가 있기 때문에 쉽사리 부러지지도 휘어지지도 않습니다. 그래서 자기의 뜻을 굽히지 않는 굳건한 마음이나 초지일관初志一貫하는 태도를 대나무에 비유하곤 합니다.

사실 중노릇하는 것이 보기에는 한가롭고 쉬워 보이지만, 하고 싶다고 하여 아무나 할 수 있는 일은 아닙니다. 그 무엇보다 과거 전생 인연이 있어야만 하고, 끝까지 밀고 나갈 수 있는 굳은 신심信心이 뒤따라야 합니다.

언젠가 잡지사 기자들이 와서 나의 출가 동기를 물은 적이 있습니다. 그러나 나는 특별한 출가의 동기를 가져본 적이 없습니다. 있다면 전생에나 있었을까? 금생에는 전생의 인연을 따라 자연스럽게 중이 되었던 것임에 틀림이 없습니다.

❀

내 나이 5살 때, 우리 마을을 찾아와서 천수千手를 치며 동냥을 하는 스님이 있었습니다. 그런데 어린 마음에 그 스님의 천수 치는 소리가 어찌나 듣기 좋았던지 하루 종일 뒤를 졸졸 따라다녔습니다.

스님은 나를 기특하게 여겨 엿을 듬뿍 사 주었는데, 그 엿을 주머니 여기저기에 넣고 우두둑 씹으면서 죽자고 따라다니며 '원왕생願往生 원왕생…'을 외웠습니다. 어머니 말씀에 따르면, 그날 밤 나는 잠을 자면서도 『천수경』을 외웠다고 합니다. 그러다 보니 언제 외웠는지도 모르게 『천수경』을 다 외웠고, 그 외에도 몇 가지 경을 나도 모르는 사이에 외우고 있었습니다.

초등학교를 들어간 지 얼마 되지 않았을 때, 누구든지 교단 앞에서 장기자랑을 하는 시간이 있었습니다. 나는 그때 앞으로 나가 춤을 추면서 천수다라니를 외웠습니다.

"나모라 다나다라 야야 나막알약…"

내가 춤을 추면서 이상한 말을 하자 선생님은 물론 아이들까지도 배꼽이 떨어져라 웃었고, 그때 이후 내 별명은 '중'이 되었습니다.

그후 집안의 친가·외가 식구 49명 모두가 차례로 출가하였고, 나도 초등학교를 마친 14살 때 외할아버지의 손을 잡고 통도사에 계시는 고경古鏡스님을 뵙고 출가하였습니다. 이와 같이 출가를 한다는 것은 단순한 인연으로 이루어지는 이루어지는 것이 아닙니다. 정녕 전생의 깊은 인연이 없었다면 나의 출가는 이루어지지 않았을 것입니다.

§

그런데 내 나이 21세가 된 1949년에 나와 함께 통도사 강원을 졸업한 승려는 50여 명이나 되었지만, 40년이 지난 환

갑 때 중노릇을 하고 있는 이들을 찾았더니 나밖에 없었습니다. 그리고 1970년대에 내가 해인사 약수암에서 12명의 비구니에게 수계를 한 일이 있었는데, 20년이 지나서 보니 그 가운데 두 명밖에 남아 있지 않았습니다. 제대로 중노릇하기란 이렇듯 어려운 것입니다.

진정 이렇듯 어려운 것이 출가의 길이기 때문에 수행인은 몸과 마음을 함께 출가하여 도에 합치되도록 피나는 수행을 해야 합니다. 출가인이 아니더라도 마찬가지입니다. 항상 처음 발심하였을 때 이루고자 했던 그 맹세를 상기하면서 자신을 꾸짖고, 게으름에 빠지지 않도록 경계해야 합니다. 또한 인과因果의 법칙을 철저히 믿고, 항상 바른 신심 속에서 불법을 실천해 갈 수 있도록 자기의 몸과 말과 마음을 다스려야 합니다.

지금의 내가 손 한 번 들고 발 한 번 놓는 일이 복 짓는 일이 아니면 허물을 짓는 일이요, 말 한마디로 사람을 죽이기도 하고 살리기도 하며, 한 생각 잘 하느냐 못하느냐에 따라 복과 허물이 천지 차이로 벌어지게 된다는 사실을 분명히 명심하고 있다면 어찌 경망되이 노닐 수 있겠습니까?

그리고 자기가 잘못한 것이 있다면 곧바로 잘못을 인정하고 고쳐 나가야 합니다. 사실 어느 누구를 막론하고 자기의 잘못을 인정하기란 쉬운 일이 아닙니다. 자기에게 솔직하기가 쉽지 않다는 이야기입니다.

그래서 부처님께서는 보지 않은 것은 보지 않았다고 말하는 것, 듣지 않은 것은 듣지 않았다고 말하는 것, 깨닫지 못한 것은 깨닫지 못하였다고 말하는 것, 알지 못하는 것은 알지 못한다고 말하는 것, 이 네 가지를 일컬어 사성언四聖言, 곧 '네 가지 성스러운 말'이라고까지 이름 붙이셨던 것입니다. 이를 바꾸어 말하면, 자기에게 솔직해지지 않으면 성스러운 경지 속으로 들어갈 수 없다는 것입니다.

수행인이라면 그 무엇보다 자기에게 솔직해야 합니다. 아울러 나의 허물에 대해 냉철한 이성을 갖추어야 하고, 잘못을 알았으면 고집을 부림이 없이 곧바로 고쳐 나가야 합니다.

❀

어떤 사람이 길을 가다가 삼다발을 한 짐 얻었습니다. 그것을 짊어지고 집을 향해 끙끙거리며 몇십 리를 걷다 보니, 이번에는 땅바닥에 금덩이가 떨어져 있는 것이었습니다. '웬 횡재인가' 하면서 금덩이를 지고 가져가려 하였으나, 이제까지 삼다발을 지고 온 자신의 노력이 너무나 아까웠습니다.

그는 금을 버리고 삼을 그냥 지고 갔습니다.

❀

금을 버리고 삼을 지고 가는 것이 바람직합니까? 물론 아닐 것이요, 아닌 줄 알면 인정해서 바르게 고쳐나갈 때 더 큰 보배로움이 자기에게 돌아옵니다.

그리고 일단 잘못된 줄 알았으면 좋은 쪽으로 나아가야 하고, 허물을 뉘우쳤으면 마음을 항상 고르고 부드럽게 갖도록 해야 합니다. 이를 일러 지눌스님께서는, "**그릇됨을 알았거든 선한 데로 옮겨서 고치고 뉘우치고 부드럽게 만들어야 한다**〔知非遷善 改悔調柔〕"고 하신 것입니다.

 부처님을 상기하면 이는 더욱 명백해집니다. 처음 출가할 때의 석가모니는 너무나 개성이 강한 분이었습니다. 그러나 출가 후의 피나는 수행을 통하여 부처님께서는 가장 원만한 인격을 갖추게 되었습니다. 출가 때의 모나고 날카로운 부분들을 모두 갈고 닦아서 가장 둥근 모습을 갖추었던 것입니다.

 진정 우리 불자들은 부처님의 정법과 처음 공부를 시작할 때의 마음가짐, 초심初心의 원대한 뜻을 대나무와 같은 절개를 지켜나가야 합니다. 그리고 수행에 임해서는 스스로의 모난 구석을 다듬고 부드러움과 원만함을 갖추어야 합니다.

 이와 같은 자세로 꾸준히 나아가다 보면 지눌스님의 말씀처럼 '**관觀하는 힘**', 곧 마음으로 보는 힘이 점점 깊어지게 되고, 마침내는 **수행의 문이 더욱 맑아져서** 안심입명安心立命을 이루게 되는 것입니다.

 부디 이 구절들을 잘 새겨 향상의 길로 나아가고 큰 도를 성취하시기를 두 손 모아 축원드립니다.

2. 인간과 천상의 큰 복밭

항상 불법을 만나기 어렵다는 생각을 일으키면 도 닦는 업이 늘 새로워질 것이요, 항상 경사스럽고 다행하다는 생각을 일으키면 마침내 물러나지 아니하리라.

이와 같이 오래오래 하다 보면 자연히 선정과 지혜가 뚜렷이 밝아져서 〔定慧圓明〕 자신의 마음자리를 보고, 환과 같은 자비와 지혜로써 모든 중생을 제도하여 인간과 천상의 큰 복밭이 되나니, 모름지기 간절히 힘쓸지어다.

長起難遭之想하면 道業이 恒新하고 常懷慶幸之心하면 終不退轉하리라.
如是久久하면 自然定慧圓明하야 見自心性하며 用如幻悲智하야
還度衆生하야 作人天大福田하리니 切須勉之어다.

항상 시작하는 마음

이제 보조국사의 『계초심학인문』 강의도 끝에 이르렀습니다. 끝까지 시작하는 마음, 곧 초심을 잘 모아주시기를 당

부드리면서, 마지막 강의를 시작하겠습니다.

일찍이 부처님께서는 네 가지 어려움을 말씀하셨습니다.

"사람으로 태어나기 어렵고, 사람으로 났더라도 남자가 되기 어렵고, 남자가 되었더라도 불법이 있는 세상에 태어나기 어렵고, 불법이 있는 세상에 태어났더라도 직접 불법을 믿기는 어렵다."

이 네 가지 어려움을 4난득四難得이라고 합니다. 이 4난득 가운데 가장 쉬운 것은 사람으로 태어나는 것입니다. 그런데 경전에서는 맹구우목盲龜遇木이라는 비유로써 사람으로 태어나기가 얼마나 어려운지를 밝히고 있습니다.

곧 눈먼 거북이가 깊은 바닷속에 살다가 천 년에 한 번씩 머리를 물 밖에 내밀고 큰 숨을 들이키게 되는데, 머리를 내밀었을 바로 그때 요행히 구멍 뚫린 나무가 있어 그 구멍에 머리를 걸게 되면 아주 푸근하게 숨을 쉴 수 있게 됩니다.

눈먼 거북이의 목에 구멍 뚫린 나무가 걸리기는 거의 불가능하듯이, 사람의 몸을 받기가 그토록 어렵다는 것입니다. 이와 같은 비유는 또 있습니다. "저 하늘의 33천天에서 바늘 한 개를 던져 겨자씨를 맞춘다〔針芥相投〕"는 비유나, "사람의 몸을 잃어버리는 것은 대지의 흙과 같고, 다시 사람의 몸을 받는 것은 손톱 위의 흙과 같다〔爪角上土〕"는 옛말

등이 그것입니다.

더군다나 불법을 만나 출가하기란 더욱 어려운 일이니, 어찌 이와 같은 인연을 소홀히 할 수 있겠습니까? 출가수행은 아무나 할 수 있는 것이 아닙니다. 다생다겁 동안 착한 업을 지은 인연이 있어야 가능한 일입니다. 출가수행인들은 참으로 얻기 어려운 사람의 몸을 얻고 만나기 어려운 불법을 만나 중까지 되었으니 얼마나 행복하고 얼마나 다행스러운 존재입니까?

그러므로 늘 "중이 되지 않았으면 어찌할 뻔했는가"라는 등, 다행스럽다는 생각을 할 줄 알아야 합니다. 그렇게 할 때 도를 닦는 업이 늘 새로워지게 됩니다.

그런데 솔직히 한번 되돌아봅시다.

누구나 처음 발심하여 출가할 때는 순수한 마음으로 부처를 이루고야 말겠다고 합니다. 누구나 부처가 되어 모든 중생을 제도하겠다는 원력願力을 세웁니다. 이것이 초심初心입니다.

그러나 세월이 지나면 처음의 이 마음은 차츰 퇴색되어 버립니다. 바로 그때 어떻게 해야 하는가? 퇴색된 그 자리에서 마음을 되잡아 다시 초심으로 돌아가야 합니다. 처음의 진실한 그 마음을 되살려 억지로라도 '만나기 어려운 불법을 만났다'는 생각이나 '항상 경사스럽고 다행하다'는 생각을 내다보면 수행은 점점 깊어집니다.

신심도 마찬가지입니다. 막연히 신심이 샘솟기를 기다리면 백 년이 지나도 신심이 솟아나지 않습니다. 순수하고 빈 마음으로 부지런히 절을 하고 열심히 경전을 읽다가 보면 저절로 신심이 샘솟게 되고 공부에 대한 참맛이 붙게 됩니다.

수행에 있어 진정으로 중요한 것은 항상 시작하는 마음을 가진다는 것입니다. 시작하는 자세로 오래오래 하다 보면 저절로 선정력禪定力이 강해지고 지혜가 뚜렷이 밝아져서 결코 물러서지 않는 불퇴전不退轉의 자리에 이르게 됩니다.

이때가 되면 어떠한 것도 문제가 될 수 없습니다. 이러한 경지에 이를 때까지 우리는 시작한 때의 그 순수한 마음, 모든 것을 받아들일 준비가 되어 있는 초심을 거듭거듭 되새기며 나아가야 합니다.

이 초심이야말로 부처를 이루게 하는 비결이요, 불문佛門을 열고 부처의 세계로 들어갈 수 있게 하는 열쇠입니다. 부디 이 첫 마음을 잊지 마시길, 그 마음을 거듭거듭 되새기기를 당부드립니다.

정혜원명定慧圓明

이제 선정과 지혜를 뚜렷이 밝혀〔定慧圓明〕 자신의 마음자리를 보고 부처를 이루는 수행방법에 대해 알아봅시다.

그 수행법에는 여러 가지가 있습니다. 참선·염불·독경·사경·주력공부·보시 등이 그것입니다.

이들 수행법 중에서 지눌스님께서 가장 중점을 두신 것은 참선이므로, 여기에서는 참선을 예로 들어 설명하겠습니다.

참선의 '선禪'은 '안정되었다'는 뜻입니다. 조용한 마음, 집중된 마음, 맑은 마음, 바른 마음, 안정되고 고요한 마음을 이루는 것을 선이라고 합니다.

무엇에 의지하여 이 선을 닦는가? 우리나라에서는 화두에 의지하여 선을 닦습니다. 곧 화두선話頭禪이 이것입니다.

그렇다면 화두話頭란 무엇인가?

화두의 화話는 '말씀 화話' 자로서 말이라는 뜻이고, 두頭는 '머리 두頭' 자로 앞서간다는 뜻을 지니고 있습니다. 따라서 화두는 '말보다 앞서가는 것', 곧 '언어 이전의 소식'이라는 뜻입니다.

흔히 책의 머리말을 '서두序頭'라고 하듯이, 참된 도를 밝힌 말 이전의 서두, 언어 이전의 소식이 화두이며, 언어 이전의 내 마음을 스스로 잡는 방법을 일러 화두법話頭法이라고 하는 것입니다.

이 화두는 달리 공안公案이라고도 합니다. 공안의 공公은 '공중公衆', '누구든지'라는 뜻이고, 안案은 곧 '방안'입니다. 따라서 공안은 "누구든지 이대로만 하면 성불할 수 있는 방안이 된다"는 뜻을 지니고 있습니다. 불교를 믿든 믿지 않든, 복이 있는 사람이든 없는 사람이든, 누구든지 이 방법대로만 하면 성불할 수 있다는 것입니다.

참된 도는 말에 있는 것이 아닙니다. 참된 도는 언어 이전의 자리로 돌아가야 계합할 수 있습니다.

그래서 부처님께서는 열반에 들기 직전에 대중들을 모아놓고, "내가 녹야원에서 시작하여 이 발제하跋提河에 이르기까지 일찍이 한 글자도 설한 바가 없다〔始從鹿野苑 終至跋提河 未曾說一字〕"는 말씀과 함께, 평생을 설하신 팔만 사천 법문이 방편이요, 약방문이라고 선언하셨던 것입니다.

  이것이 병을 낫게 하는 방법이기는 하지만
  약방문이 병을 고치는 약은 아니니라
  불이라고 말하여도 입이 타는 것은 아니듯이
    此是濟世之醫方 차시제세지의방
    非療病之良樂 비료병지양약
    道火未曾燒却口 도화미증소각구

아무리 약방문이 많다고 할지라도, 그 약방문으로 병을 낫게 할 수는 없습니다. 약방문을 보고 자기 병에 맞는 약을 지어 먹을 때에만 병은 낫게 되는 것입니다. 설혹 팔만대장경을 다 외웠다 할지라도 그것은 약방문을 외운 것일 뿐, 약 자체는 아닙니다.

하지만 약방문을 모르더라도 약만 먹으면 병은 나을 수 있습니다. 그 약이 바로 언어 이전의 화두이며, 화두를 참구하는 참선수행법이 그 약을 먹는 일인 것입니다.

선종에서 최초로 나온 화두, 선종제일공안禪宗第一公案인 '영산회상거염화靈山會上擧拈花'는 우리에게 '염화시중拈花示衆'의 '미소'로 널리 알려진 화두입니다.

✿

어느 때, 부처님께서 영축산靈鷲山에서 설법을 하고 있을 때, 하늘에서는 네 가지 종류의 꽃을 뿌려 공양하였습니다. 이때 부처님께서는 아무런 말씀 없이 한 송이 꽃을 들어 대중들에게 보였습니다. 그러나 그 자리에 모인 수만 대중들은 부처님께서 무슨 뜻으로 꽃을 드셨는지를 알지 못하여 어리둥절해 하였고, 오직 부처님의 큰 제자인 대가섭존자大迦葉尊者만이 빙그레 미소를 지었습니다.

이에 부처님께서는 선언하셨습니다.

"나에게 있는 정법안장·열반묘심·실상무상·미묘법문·불립문자·교외별전·직지인심·견성성불을 마하가섭에게 전하노라〔吾有 正法眼藏 涅槃妙心 實相無相 微妙法門 不立文字 教外別傳 直指人心 見性成佛 付囑摩訶迦葉〕."

§

선종팔구禪宗八句!

①선은 모든 정법 중에서도 눈알과 같이 가장 요긴한 것이기에

정법안장正法眼藏이라고 합니다.

②선은 모든 번뇌의 불이 완전히 꺼진 열반의 묘한 마음〔涅槃妙心〕을 개발하는 것입니다.

③선은 마음의 실상이 모양 없다는 것〔實相無相〕을 깨닫게 합니다.

④선은 미묘한 법의 세계로 들어갈 수 있게끔 하는 미묘법문微妙法門입니다.

⑤그러나 이러한 선은 언어나 문자로 설명될 수 있는 것이 아니므로 불립문자不立文字라 합니다.

⑥그래서 부처님께서는 이 선을 말씀인 교教를 떠나 따로 전하셨으므로 교외별전教外別傳이라고 합니다.

⑦결국 선은 곧바로 사람의 마음을 가리키는 직지인심直指人心의 법이요

⑧그 마음의 바탕을 보게 하고 부처를 이루는 견성성불見性成佛의 도리라는 것입니다.

꽃을 들고 미소를 짓는 바로 그 순간에, 이와 같은 선종팔구禪宗八句의 법이 부처님으로부터 마하가섭에게도 전해진 것입니다.

그리고 이 선종제일공안 가운데, '부처님께서 꽃을 드신 까닭을 밝히는 것이 바로 화두법입니다.

"영산회상에서 부처님은 왜 꽃을 드셨는고?"

"무엇 때문에 부처님이 꽃을 드셨는고?"
"부처님이 꽃을 드신 이유는 무엇인고?"
"무엇 때문에?"
"왜?"
"?"

이와 같은 "?", 이와 같은 끊임없는 물음 속에서 대의단大疑團을 갖는 것, 크나큰 의심을 일으키는 것을 화두라고 합니다.

이 화두는 마치 열쇠와 같은 것입니다.

옛날에는 자식을 장가보내고 시집보낼 때 농을 사주고 집을 사주었지만, 요즘은 아들이나 딸을 시집보내고 장가보낼 때 열쇠 하나만을 준다고 합니다. 열쇠만 가지고 가서 아파트 문을 열면 그 안에 자동차 열쇠, 저금통장, 모든 살림이 다 갖추어져 있다고 하듯이, "어째서 부처님께서 꽃을 드셨는고?" 하는 이 열쇠, 이 물음표(?)라는 열쇠를 가지고 문만 열면, 팔만 사천 법문과 무진장의 보배가 가득 차 있는 마음자리를 되찾아 부처를 이루게 되는 것입니다.

그렇다면 이 화두는 어떻게 들어야 하는가? 참선 공부를 하는 사람은 이것을 매우 궁금하게 여깁니다. 그러나 화두 드는 법에는 특별한 요령이 없습니다.

'일념으로 간절히 참구參究하는 것!' 이 방법 외에는 별다른 요령이 없습니다. '간절 절切!' 이것이야말로 화두법문·

참선법문의 가장 요긴한 방법입니다.

간절한 일념으로 크게 의심을 일으켜서 꾸준히 나아가는 것이 화두법의 가장 요긴한 점이요, 크게 의심하는 가운데 큰 깨달음을 얻게 되는 것입니다. 실로 "진흙이 크면 부처가 크고, 물이 높으면 배가 높이 뜬다"는 속담과 같이, 의심이 간절하면 간절할수록 큰 깨달음이 있게 되는 것입니다.

※

신라말 중국으로부터 동방대보살東方大菩薩로 추앙받았던 무염선사無染禪師(801~888)의 제자 구정조사九鼎祖師는 원래 글을 알지 못하였는데, 어느 날 무염스님을 찾아가 간절히 물었습니다.

"어떤 것이 부처입니까?"

"즉심이 불이니라〔卽心是佛〕."

워낙 무식한 구정선사였는지라, '즉심이 부처'라는 스승의 말을 '짚신이 불'이라는 말로 알아듣고 말았습니다.

"짚신이 불? 짚신이 부처라고?"

조금은 이상한 듯하였으나 스승을 지극히 존경하고 있었던 구정선사는 그 말을 그대로 받아들였습니다.

"우리 스님은 부처님 같으신 분인데 허튼 말을 했을 리 없다. 부처를 물었는데 어째서 짚신이라고 대답을 하셨는고? 짚신이 어째서 부처인고?"

그날부터는 자기 짚신을 머리에 이고 다니면서, 가나오나 앉으나 서나 "이 짚신이 어째서 부처인고?", "짚신이 어째서 부처인고?" 하는 생각을 놓아 버릴 줄 몰랐습니다.

하루는 산에 올라가 나무를 한 다음, 짚신을 두 손으로 움켜쥐고 "짚신아, 네가 어째서 부처냐?" 하며 소리를 지르다가, 홀연히 짚신의 끈이 뚝 끊어지는 순간 확철대오廓徹大悟하였습니다.

8

구정조사의 이와 같은 오도연기悟道緣起가 보여주듯이, 화두에는 좋은 화두, 궂은 화두가 따로 없고, 잘 되는 화두, 안 되는 화두가 따로 있는 것이 아닙니다. 또한 화두에는 비밀도 없습니다.

"내가 하는 화두를 다른 사람이 알면 어떻게 하나?"

이와 같은 생각이야말로 쓸데없는 망상일 뿐입니다. 여러 조사어록祖師語錄 속에는, 1천 7백 공안 가운데 어느 화두든지 한 가지만을 간택해서 간절하게 간절하게 의심해 나가는 것이 참선하는 가장 요긴한 방법이라고 끊임없이 강조하셨습니다. 그리고 간절히 화두를 들어 도를 깨치지 못하면 '너희를 대신하여 지옥에 가겠다'고 하셨습니다.

"화두 가운데 의심이 끊어지지 아니하면 이것을 진짜 의심이라 하나니, 진짜 의심이 일어날 때는 점차漸次에도 속하지 않고 앞뒤가 끊어져서, 동과 서를 분별하지 못하고 남과 북을 가리지 못하게 되느니라.

　만약 진짜 참선을 하고자 할진대는 만 길 깊은 물 속에다 돌멩이 하나를 던진 것과 같이하여, 꼭대기에서부터 바닥까지 털끝 만한 간격도 없이 내려가게 할지니, 진실로 능히 이와 같이 화두를 들어 만일 7일 안에 확철대오하지 못한다면, 내 너희를 대신하여 지옥에 갈 것이다."

고봉화상高峰和尚의 『선요禪要』에 있는 이 말씀처럼 진짜 참선은 여러 날 할 필요가 없습니다. 7일 이상 할 필요가 없는 것입니다.

어떤 것이 진짜 참선인가?

밤이나 낮이나 잠을 자나 꿈을 꾸나 항상 화두가 또렷이 들리는 경지가 진짜 참선의 경지입니다. 그와 같은 경지에 이르면 누구나 7일을 넘기지 않고 확철대오하게 됩니다.

부처를 이루고자 하거든 모름지기 마음을 모으고 정신을 차려서 화두를 잡아야 합니다.

"언제나 부지런히 간절하게 화두를 잡아라."

이것 이외에는 참선하는 사람에게 따로 긴요한 말이 없습니다. 오직 화두에 집중하다 보면 마음이 저절로 고요해지고, 고요해지면 맑아지고, 맑아지면 밝아지고, 밝아지면 거기에서 빛을 발하게 됩니다. 바로 이것이 지혜智慧의 빛이요, 지눌스님께서 말씀하신 정혜원명定慧圓明의 경지입니다.

이제 염불로써 정혜원명을 이루는 이야기를 잠깐 하겠습니다.

보통사람들이 막상 염불을 하면 쉽게 집중을 하지 못합니다. 마치 놋젓가락을 가지고 계란을 잡으려고 할 때 요리조리 미끌어지고 빠져나가듯이, 염불이 자꾸 달아나고 번뇌망상이 자꾸만 스며드는 것입니다. 그렇다고 하여 염불을 포기해서는 물론 안 됩니다.

흔히들 '염불을 한다'고 하면 목탁을 두드리며 부처님 명호를 부르는 것이라고 생각하지만, 그것은 구불口佛이지 염불念佛이 아닙니다. 염불은 입으로 하는 것이 아니라 마음으로 부처님을 생각하는 것입니다.

만일 불보살님을 생각하는 염불이 잘 되지 않으면 '송誦'이라도 해야 합니다. 송불誦佛을 꾸준히 하다 보면 자기도 모르는 사이에 '생각 염念' 자의 염불念佛이 이루어지게 되는 것입니다.

그러므로 송불을 꾸준히 하다 보면, 굳이 입으로 하지 않아도 목구멍 속에서 불보살의 명호가 저절로 흘러나오게 되고, 그것이 계속되면 마침내는 염불이 되는 것입니다. 이렇게 송불·염불을 놓치지 않고 계속하게 되면, 일을 하면서도 말을 하면서도 염불을 할 수 있는 경지를 이루게 되고, 거듭 대용맹심을 촉발觸發하여 염불을 하게 되면, 산을 보아도 산이 아니요 물을 보아도 물이 아닌 대무심大無心에 들게 되는데, 비로소 이를 참염불이라고 하는 것입니다. 참염불만 되면 정혜원명의 경지는 진정 멀지 않은 곳에 있습니다.

참선이나 염불을 통하여 정혜가 원명해지면 자신의 마음자리, 곧 자성심自性心을 보게 되고, 자성을 보게 되면 천지와 내가 한 뿌리요 만물과 내가 한 몸이 됩니다. 그러한 때에 내가 하는 바는 어느 것 하나 신통묘용神通妙用이 아닐 수 없습니다.

그렇지만 그 실체는 누구도 볼 수 없습니다. 오직 요술인 양, 그 실체로부터 나오는 지혜와 자비로써 인간과 천상의 큰 복밭이 되어 모든 중생을 제도해 낼 수 있습니다.

인간과 천상의 큰 복밭! 그 복밭에는 무엇이든 심기만 하면 꽃이 피고 열매가 맺으며, 중생의 그릇에 따라 이로움을 주는 밭입니다. 그 복밭을 이룰 때까지 우리 모두 고삐를 늦추지 말고 정진해야 할 것입니다.

※

이로써 보조국사 지눌스님의 초심법문과 나의 강설은 끝이 났습니다. 그러나 이 끝은 결코 끝이 아닙니다. 바로 법의 문을 열고 들어가는 방법을 일러준 시작에 불과합니다. 그리고 법의 문을 열고 들어갈 수 있는 이는 오직 '나' 자신밖에 없습니다.

이제 번뇌의 자리를 박차고 일어나 법의 문을 열어 보십시오. 부디 어렵다는 생각을 일으켜 물러서지 말고, 이들 가르침 가운데 할 수 있는 것부터 하나씩 착실히 행하면서, 굳건히 닫혀 있는 법의 문을 열고자 애를 써 보십시오. 그러면 어느 날엔가 열쇠가 딱 맞아들어가서 그 문이 열릴 날이 있을 것입니다.

우리 마음의 팔만 사천 번뇌망상을 거두어서 하나로 뭉치면 성불의 길이 눈앞에 나타나고, 모든 사람의 마음이 한군데로 뭉쳐지면 세계 평화가 이룩되지 않을 수 없습니다.

간절히 바라오니, 우리 불자들이 크게 분발심을 일으켜서, 참선·염불 등의 행을 실천하고 큰 깨달음을 이루어, 생사를 넘어서는 대자재를 얻고 모든 중생을 성불의 길로 인도하여지이다.

초심初心! 이 속에 성불의 비결이 있나니….

모두 다 성불하십시오.

나무마하반야바라밀 ●

부록

독송용 계초심학인문

계초심학인문

해동사문 목우자 술

 무릇 처음 발심한 사람은 반드시 악한 벗을 멀리하고 어질고 착한 이를 가까이 해야 하며, 5계와 10계 등을 받아서 잘 지키고 범하고 열고 닫을 줄 알아야 하느니라.
 오직 금구성언(金口聖言)에 의지할지언정 용렬한 무리들의 망설(妄說)을 따르지 말라. 이미 출가하여 청정한 대중 속에 참여하였거든 항상 부드럽고 화합하고 착하고 순수함을 생각할 것이요, 교만심으로 잘난 체하지 말지니라.
 큰 사람은 형을 삼고 적은 사람은 아우를 삼을지니라.
 만일 서로 다투는 이가 있으면 두 사람의 말을 화합시켜 서로가 자비로운 마음으로 대하게 하고, 나쁜 말로써 사람을 상하게 해서는 안 된다. 만일 도반을 속이고 업신여겨서 시비를 한다면 이와 같은 출가는 전혀 이익이 없느니라.

　재물과 색(色)의 화는 독사보다도 더 심하니 자기를 반성하고 그릇된 줄을 알아서 항상 모름지기 멀리할지어다.

　일 없이 다른 사람의 방에 들어가지 말고, 병처(屛處)에 나아가 굳이 남의 일을 알려고 하지 말라. 6일이 아니면 속옷을 빨지 말고, 얼굴을 씻거나 이를 닦을 때는 큰소리로 코를 풀거나 침을 뱉지 말지니라. 이익을 나누는 일을 할 때는 당돌하게 차례를 어기지 말고, 경행을 할 때는 옷깃을 헤치거나 팔을 흔들지 말며, 말할 때는 소리를 높여 희롱하거나 크게 웃지 말 것이며, 요긴한 일이 아니면 문밖에 나가지 말지니라.

　병든 사람이 있거든 모름지기 자비로운 마음으로 지켜주고 간호할 것이며, 손님이 오거든 마땅히 기쁜 마음으로 맞아들이며, 어른을 만나거든 마땅히 엄숙하고 공손한 마음으로 길을 비켜드리며, 도구(道具)를 마련할 때는 모름지기 검소한 것에 만족할 줄 알아야 하느니라.

재식시에는 마시고 씹는 소리를 내지 말며, 수저나 바루를 잡고 놓을 때에도 모름지기 차근차근 조심스럽게 하며 얼굴을 들고 이리저리 돌아보지 말며, 맛있는 음식만 좋아하거나 맛없는 음식을 싫어하지 말고 모름지기 아무 말 없이 먹어야 하며, 쓸데없는 생각을 방호할지니라. 밥을 먹는 것은 오직 몸이 쇠약해지는 것을 막아 도업을 이루기 위한 것임을 알고 반야심경을 생각하되 삼륜(三輪)이 청정한 것을 관하여 도를 쓰는 데 어기지 말라.

예불을 하고 기도를 하되 아침저녁으로 부지런히 행하여 스스로 나태함을 꾸짖을 것이요, 대중이 행하는 때를 알아서 어지럽히지 말라. 범패를 하고 축원을 하되 모름지기 뜻을 관하고 단지 소리만 따라 내어서는 안 되며, 곡조를 틀리게 내지 말라. 존경하는 마음으로 부처님의 존안을 우러러 보면서 다른 경계에 끄달려 가지 말지어다.

　모름지기 자신의 죄와 업장이 산과 같고 바다와 같은 줄을 알아서, 마땅히 이참(理懺)과 사참(事懺)으로 죄업을 녹여 없앨 줄 알아야 하느니라.

　예배하는 나와 예배받는 부처님이 다 같이 진성(眞性)에 연기(緣起)하는 줄을 깊이 관하면 감응이 헛되지 아니하리니, 그림자나 메아리가 서로 따르는 것과 같음을 깊이 믿을지니라.

　대중방에 거처할 때는 서로 양보하여 다투지 말며, 모름지기 서로 돕고 보호할지니라. 말로써 다투어 승부를 가림을 삼가며, 머리를 맞대고 한가롭게 이야기하는 것을 삼가며, 다른 사람의 신을 신는 것을 삼가며, 앉고 누울 때 차례 어기는 것을 삼갈지니라. 손님을 대하여 이야기할 때는 집안의 허물을 드러내지 말고 오로지 산문 안의 불사를 찬탄할지며, 부질없이 고방(庫房)에 가서 잡된 일을 보거나 듣고서 스스로 의심을 내지 말지니라.

요긴한 일도 아니면서 이 마을 저 마을로 다니며 속인들을 사귀어서 다른 사람으로부터 미움을 받거나 스스로의 도정을 잃는 일이 없어야 하며, 요긴한 일이 있어 외출을 할 때는 반드시 주지나 대중 관리자에게 가는 곳을 알려야 하느니라.

만일 속인의 집에 들어가거든 반드시 바른 생각을 굳게 지녀서 색을 보거나 소리를 듣는 것을 삼가고 방탕함과 삿된 마음이 일어나지 않도록 유의해야 할 것이거늘, 하물며 옷깃을 헤치고 희롱하는 웃음을 짓거나 잡된 일을 요란하게 말하며, 때아닌 때에 술과 밥을 먹거나 망령되게 거침없는 행동을 하여서 부처님의 계율을 어길 것인가. 그리하여 어질고 착한 사람들로부터 혐의를 받게 된다면 어찌 지혜로운 사람이라 할 수 있겠는가!

사당(社堂)에 있을 때는 사미승과 함께 행동하는 것을 삼가며, 사람의 일로 왕래하는 것을 삼가며, 타인의 좋고 궂은일을 보기를 삼가며,

문자를 탐하여 구하는 것을 삼가며, 잠을 지나치게 자는 것을 삼가며, 어지럽게 반연하는 것을 삼갈지니라.

만일 종사가 법상에 올라 설법을 할 때, 그 법문을 듣고 절대로 '천길 낭떠러지를 어떻게 오를 수 있을까' 하는 생각을 지어 퇴굴심을 일으키거나, 늘 들을 수 있는 것이라는 생각을 지어 용이심을 일으키지 말지니라.

모름지기 생각을 텅 비우고 들으면 기연(機緣)을 발할 때가 있으리니, 말만 배우는 자를 따라서 단지 입으로만 판단하는 것을 취하지 말지니라. 이른바 '독사가 물을 마시면 독을 이루고 소가 물을 마시면 젖을 이룬다. 지혜롭게 배우면 보리를 이루고 어리석게 배우면 생사를 이룬다.'는 말씀이 이것이니라.

또 법을 주관하는 스님에 대하여 업신여기는 생각을 내지 말라. 이로 말미암아 도에 장애가 있게 되고 수행에 진전이 없게 되나니, 모름지기 간절히 삼갈지니라. 논에 이르기를, "어떤 사람이 길을 가다가 횃불을 들고 가는 죄인을 만났을 때, 그 죄인이 밉다고 하여 불빛까지 받아들이지 않으면 구렁텅이에 빠지고 만다"고 하셨도다.

그러므로 법문을 들을 때는 마치 얇은 얼음을 밟는 것과 같이 조심하고, 귀와 눈을 기울여 깊은 말씀을 들을 것이며, 육정(六情)과 육진(六塵)을 가다듬어 그 깊은 뜻을 음미해야 할지니라. 법문이 끝나면 묵묵히 앉아 관해 보다가, 의심이 생기면 널리 아는 이에게 물어야 하며, 아침저녁으로 생각하고 물어서 실낱만큼이라도 틀리게 하지 말지어다. 이렇게 하여야 비로소 올바른 신심을 내어 도로써 자기 일을 삼는 자라고 할 수 있느니라.

비롯함이 없는 옛적부터 익혀 온 애욕과 성내는 마음과 어리석은 생각이 마음에 얽히고 설켜 잠깐 수그러졌다가는 다시 일어나는 것이 마치 하루거리 학질과 같나니, 일체의 시간 속에서 가행방편과 지혜의 힘을 써서 번뇌를 능히 막고 마음을 보호해야 하느니라. 어찌 한가로이 근거 없는 이야기로 세월을 헛되이 보내면서 마음자리를 깨달아 윤회를 벗어나는 길을 구할 수 있겠는가!

다만 뜻과 절개를 굳건히 지니고 자기의 몸을 꾸짖어 게을리하지 말며, 그릇됨을 알았거든 선한 데로 옮겨서 고치고 뉘우치고 부드럽게 만들지니라. 이렇게 부지런히 닦다 보면 관(觀)하는 힘이 더욱 깊어지고, 갈고 닦을수록 수행의 문이 점점 맑아지느니라.

항상 불법을 만나기 어렵다는 생각을 일으키면 도 닦는 업이 늘 새로워질 것이요, 항상 경사스럽고 다행하다는 생각을 일으키면 마침내 물러나지 아니하리라.

이와 같이 오래오래 하다 보면 자연히 선정과 지혜가 뚜렷이 밝아져서 자신의 마음자리를 보고, 환과 같은 자비와 지혜로써 모든 중생을 제도하여 인간과 천상의 큰 복밭이 되나니, 모름지기 간절히 힘쓸지어다.

기도 및 영가천도 법보시용으로 좋은 책

기도 이야기 / 우룡스님　　　　　신국판　204쪽　7,000원
총 6장 45편의 다양한 이야기와 이야기 끝에 붙인 스님의 해설을 읽고 기도하면 감응의 길이 열리면서 심중소원을 성취하게 됩니다.

기도 성취의 지름길 / 우룡스님　　　　4X6판　160쪽　4,500원
가족을 향한 참회와 3배 기도의 큰 영험에 대해, 그리고 믿음·정성과 함께 기도의 고비를 잘 넘길 것을 설한 감동적인 기도법문집.

광명진언 기도법 / 일타스님·김현준　　신국판　180쪽　6,000원
광명진언 속에 새겨진 참의미와 바른 기도법, 빠른 기도성취법 등을 자상하게 설하고, 유형별 기도성취 영험담을 다양하게 수록하였습니다.

생활 속의 기도법 / 일타스님　　　　　신국판　160쪽　5,500원
여러 가지 상황에 따른 구체적인 기도방법에서부터 기도할 때 지녀야 할 마음가짐까지, 자상한 문체로 예화를 섞어 쉽고 재미있게 엮었습니다.

기 도祈禱 / 일타스님　　　　　　　　신국판　240쪽　8,000원
총6장 52편의 다양한 기도성취 영험담으로 엮어진 이 책을 읽다보면 올바른 기도법과 기도성취의 지름길을 알 수 있게 됩니다.

불교의 자녀사랑 기도법 / 김현준　　　신국판　240쪽　5,500원
부처님의 가르침에 의지하여 정립한 이 책의 내용에 따라 자녀를 사랑하고 기도하면 자녀들이 뜻하는 바 소원을 성취하고 행복과 평화를 누릴 수 있습니다.

참회와 사랑의 기도법 / 김현준　　　　신국판　192쪽　6,500원
문답을 통해 참회의 정의에서부터 참회기도를 해야 하는 까닭, 가족을 향한 참회법 등에 대해 아주 상세히 설하고 있습니다.

화엄경약찬게 풀이 / 김현준　　　　　신국판　160쪽　7,000원
화엄경약찬게는 매우 난해하지만 이 풀이를 본 다음에 읽으면 명확하게 파악할 수 있고 화엄경의 내용까지 꿰뚫어, 대화엄의 세계에서 노닐 수 있게 됩니다.

신묘장구대다라니기도법 우룡스님·김현준 신국판 208쪽　7,000원
신묘장구대다라니의 가피와 공덕, 다라니의 뜻풀이, 자세하게 설명한 기도의 방법과 주의할 점, 14편의 영험담을 함께 수록하였습니다.

영가천도 / 우룡스님　　　　　　　　신국판　160쪽　5,500원
영가천도의 필요성과 기본자세, 염불·독경·사경을 통한 영가천도, 49재 등 영가천도에 관한 여러 궁금증을 스님의 자세한 법문으로 풀어드립니다.

관음신앙·관음기도법 / 김현준   신국판 240쪽 8,000원
관세음보살의 구원능력, 중요 경전 속의 관음관, 자비관음의 여러가지 모습, 관음기도법, 관음관법 등을 재미있고 자세하게 풀이하였습니다.

지장신앙·지장기도법 / 김현준   신국판 190쪽 6,500원
대원본존 지장보살의 중생 구제, 영가천도기도, 자녀를 위한 기도, 평온한 삶을 위한 기도, 소원 성취와 고난 극복을 위한 기도 등을 자세히 설명하였습니다.

미타신앙·미타기도법 / 김현준   신국판 160쪽 5,500원
아미타불과 극락의 참모습, 칭명염불·관상염불·천도염불 등의 각종 염불수행법과 함께 임종하는 이를 위한 의식과 49재에 대해 자세히 밝히고 있습니다.

참회·참회기도법 / 김현준   신국판 160쪽 5,500원
참회의 참된 의미와 여러가지 참회기도법, 참회영험담 등을 상세하게 담아, 행복하고 자유로운 삶의 길을 열어 주고 있습니다.

기도성취 백팔문답 / 김현준   신국판 240쪽 8,000원
기도와 믿음·업장소멸의 방법·꾸준한 기도의 효험·원을 세우는 법·축원법·기도가피와 기도성취의 시기 등을 문답식으로 풀이하였습니다.

병환과 기도 / 일타스님·김현준   4X6판 84쪽 2,300원

선가귀감   서산대사 저 김현준 역 4X6배판 136쪽 5,500원
조선시대 최고의 고승인 서산대사께서 **선禪**에 대한 다양한 가르침을 중심에 두고 참회·염불·계율·육바라밀·도인의 삶 등을 간절하게 설하여 불자들의 신심과 정진에 큰 도움을 주는 소중한 책입니다. 읽으면 읽을수록 쾌락함과 깊은 맛을 느낄 수 있습니다.
(한글 한문 대조본)

● 신행과 포교를 위한 포켓용 불서 ●

행복과 성공을 위한 도담 / 경봉스님	국반판 100쪽	2,000원
생활 속의 기도법 / 일타스님	국반판 100쪽	2,000원
광명진언 기도법 / 일타스님·김현준	국반판 100쪽	2,500원
보왕삼매론 풀이 / 김현준	국반판 100쪽	2,500원
바느질하는 부처님 / 김현준 엮음	국반판 100쪽	2,000원

〈가지고 다니면서 틈틈이 읽게 되면 신행생활과 기도에 큰 도움이 됩니다〉

한글 큰활자본 기도 독송용 경전 (책 크기 4×6배판)

법화경 (무선제본) / 김현준 역   전3책   4×6배판   550쪽   22,000원

불교 최고 경전인 법화경을 독송하면 소원성취는 물론 깨달음과 경제적인 풍요까지 안겨줍니다.

법화경을 독송하고 사경하면 부처님과 대우주법계의 한량없는 가피가 저절로 찾아들어 업장소멸은 물론이요 갖가지 소원을 두루 성취할 수 있습니다. 특히 밝은 지혜를 얻고 크게 향상하게 되며 경제적인 풍요와 사업의 번창·입시등 각종 시험의 합격 및 승진이 쉬워지고 가족 모두가 평온하고 복된 삶을 누리며, 병환·재난·가난 등 현실의 괴로움이 소멸되고 부모 친척 등의 영가가 잘 천도되며 구하는 바가 뜻과 같이 이루어집니다.

큰활자본 지장경 / 김현준 편역   4×6배판   208쪽   8,000원
지장보살본원경 / 김현준 편역   신국판   208쪽   7,000원

지장기도를 하는 분들을 위해
  ① 지장경을 처음부터 끝까지 1번 독송   ② '나무지장보살'을 천번염송
  ③ 지장보살예찬문을 외우며 158배,   ④ '지장보살' 천번 염송
의 4부로 나누어 특별히 만들었습니다.
지장경 독경 및 지장보살예참과 염불을 할 때, 각 장 앞에 제시된 기도법에 따라 기도를 하게 되면, 지장보살의 가피 속에서 틀림없이 영가천도·업장소멸·소원성취·향상된 삶을 이룩할 수 있게 됩니다.
이 두 책의 내용은 같으며, 활자 및 책크기만 다릅니다.

자비도량참법 / 김현준 역   양장본   528쪽 22,000원

참되이 참회하시기를 원하십니까? 자비도량 참법 기도를 하십시오. 나의 허물과 죄업의 참회에서 시작하여 부모 스승 친척 등 육도 속을 윤회하는 온 법계 중생의 업장과 무명까지 모두 소멸시켜줍니다. 이 참법을 행하다 보면 저절로 참회의 마음이 깊어지고 자비가 충만하여지고 환희심이 넘쳐나게 됩니다.

한글 금강경 / 우룡스님 역   4×6배판   112쪽   4,500원

책 크기만큼 글씨도 크게 하고 한자 원문도 수록하였으며, 독송에 관한 법문도 첨부하였습니다. 사찰 및 가정에서의 독송용으로 매우 좋습니다.

한글 관음경 / 우룡스님 역   4×6배판   96쪽   4,000원

커다란 글씨의 관음경 해설과 함께 관음경의 원문과 독송법, 관음 염불 방법 등을 수록하여 관음경의 가르침을 쉽게 이해하도록 하였습니다.

한글 약사경 / 김현준 편역   4×6배판   100쪽   4,000원

아주 큰 활자로 약사경 한글 번역본을 만들었습니다. 약사경 독경 방법 및 약사염불법도 함께 실어 기도에 도움이 되도록 하였습니다.

한글 보현행원품 / 김현준 편역   112쪽   4,500원
보현행원품과 예불대참회문을 함께 실어 독경 후 행원품에 근거한 전통적인 108배를 행할 수 있도록 만들었으며, 대참회의 의미도 상세히 설명하였습니다.

원각경 / 김현준 편역   4×6배판   192쪽   8,000원
한국불교 근본 경전 중 하나로, 중생이 부처가 되려면 어떻게 해야하는지를 12보살과의 문답을 통해 설한 경전으로 쉽게 번역 하였습니다. (한글 한문 대조본)

승만경 / 김현준 편역   4×6배판   144쪽   5,500원
여인의 성불 수기와 함께 승만부인의 서원, 정법·번뇌·법신·일승·사성제·자성청정심·여래장사상 등을 분명히 밝힌 주옥같은 경전입니다.(한글 한문 대조본)

한글 아미타경 / 김현준 편역   4×6배판   92쪽   3,500원
아주 큰 활자 번역본으로, 독경 및 '나무아미타불' 염불 방법을 함께 실었습니다. 사찰에서 대중이 함께 독송할 때 또는 집에서 독송할 때 매우 유용합니다.

육조단경(덕이본德異本) 증보개정판 / 김현준 역 4×6배판 208쪽   8,000원
혜능대사께서 설한 선종의 근본 경전으로, 인간의 참된 본성을 보게 하여 마음을 치유하고 깨달음을 열어줍니다. (한글 한문 대조본)

유마경 / 김현준 역   4×6배판   296쪽   12,000원
무애자재한 행동과 갖가지 방편으로 중생을 이익되게 하는 유마거사의 소중한 법문을 담은 경전으로, 이 경을 읽다보면 눈이 번쩍 뜨이고 마음이 탁 트입니다.

무량수경 / 김현준 역   4×6배판   176쪽   7,000원
정토삼부경(아미타경·무량수경·관무량수경) 중에서 극락에 대한 묘사와 극락왕생의 방법에 대한 내용이 가장 풍부하여 신심이 저절로 우러납니다.

밀린다왕문경 / 김현준 편역   신국판   204쪽   7,000원
그리스 왕인 밀린다와 불교 승려인 나가세나가 인생과 불교에 대해 대론한 것을 정리한 경전으로 신심을 크게 불러일으킵니다.

법보시를 원하시는 분은 출판사로 연락 주십시오. 할인혜택을 드립니다.
전화 02-587-6612, 582-6612 팩스 02-586-9078

알기 쉬운 경전 해설서

생활 속의 반야심경 / 김현준   240쪽 8,000원
반야심경을 우리의 생활과 결부시켜 쉽고도 명쾌하게 풀이하였습니다. 공·걸림없이 사는 방법 등과 십이인연·사제 등의 기본교리도 쉽게 풀이하였습니다.

생활 속의 금강경 / 우룡스님   304쪽 9,000원
금강경의 심오한 내용을 알기 쉽게 풀이하고 일상생활과 접목시켜 강설함으로써 삶의 현장에서 금강경의 가르침을 능히 응용할 수 있도록 하였습니다.

생활 속의 관음경 / 우룡스님   240쪽 8,000원
관세음보살의 본질과 기도성취의 원리를 여러 영험담과 함께 쉽게 풀이한 이 책을 읽으면 신심이 샘솟고, 이 책을 따라 기도하면 소원을 성취할 수 있습니다.

생활 속의 천수경 / 김현준   240쪽 8,000원
천수경을 쉽게 풀이한 책. 신묘장구대다라니의 풀이와 공덕, 참회 성취의 비결, 주요 진언의 뜻풀이, 각종 소원을 이루는 방법 및 기도법을 일러주고 있습니다.

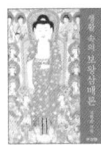
생활 속의 보왕삼매론 / 김현준   240쪽 8,000원
병고 해탈, 고난 퇴치, 일의 성취, 인연 다스리기, 이익과 부귀, 억울함의 승화 등 누구나 인생살이에서 겪게 되는 장애들을 속 시원하게 뚫어주고 있습니다.

예불문, 그 속에 깃든 의미 / 김현준   256쪽 8,000원
오분향의 의미와 지심귀명례하는 방법, 불법승 삼보,문수·보현·관음·지장보살, 십대제자·16나한·5백나한 등의 내용을 이 책 속에 모두 담았습니다.

아름다운 우리말 경전 (책 크기 휴대용 국반판)

·금강경	명쾌한 금강경 풀이와 함께 금강경의 근본 가르침을 함께 수록한 책	우룡스님 역	100쪽 2,000원
·아미타경	한글 번역과 함께 독송하는 방법과 아미타불 염불법에 대해 설한 책	김현준 역	100쪽 2,000원
·약사경	한글 번역과 함께 약사기도법과 약사염불법에 대해 자세히 설한 책	김현준 편역	100쪽 2,000원
·관음경	관음경의 번역과 함께 관음기도와 관음염불법에 대해 자세히 설한 책	우룡스님 역	100쪽 2,000원
·지장경	편안하고 쉬운 번역과 함께 지장기도법을 간략히 설한 책	김현준 역	196쪽 3,500원
·부모은중경	부모님의 은혜를 느끼며 기도를 할 수 있게 엮은 책	김현준 역	100쪽 2,000원
·보현행원품	보현보살의 십대원을 중심으로 설하여 참된 보살의 길로 이끌어주는 책	김현준 편역	100쪽 2,000원
·초발심자경문	신심을 굳건히 하고 수행에 대한 마음을 불러일으키게끔 하는 책	일타스님 역	100쪽 2,000원
·법요집	법회와 수행 시에 필요한 각종 의식문, 좋은 몇 편의 글들을 수록한 책	불교신행연구원 편	100쪽 2,000원

알기 쉬운 불교근본교리 (국판)

삼보와 삼학 / 원산스님 　　　　　　　　　200쪽　6,500원

불자들이 꼭 알아야 할 불·법·승 삼보와 계·정·혜 삼학에 대해 저자가 고금을 꿰뚫는 안목으로 깊이있게 집필한 책

불교란무엇인가 / 우룡스님 　　　　　　　　160쪽　5,500원

불교는 해탈의 종교, 해탈을 얻는 원리, 무엇이 부처인가, 소승과 대승불교, 불자의 실천 등 핵심되는 가르침을 설한 책.

육바라밀 / 김현준 　　　　　　　　　　　　192쪽　6,500원

대승불교의 기본이 되는 보시·지계·인욕·정진·선정·반야바라밀을 일상생활과 접목시켜 쉽고도 재미있게 서술한 책.

사성제와 팔정도 / 김현준 　　　　　　　　240쪽　8,000원

부처님께서 행복한 삶을 열어주기 위해 창안한 불교 핵심 교리를 정말 알기 쉽고 자상하고 감동적으로 엮은 책.

자비 실천의 길 사섭법 / 김현준 　　　　　192쪽　6,500원

보시·애어·이행·동사의 사섭법이 필요한 까닭부터 잘 실천하고 잘 성취할 수 있는 방법을 자세히 제시한 책.

삼법인·중도 / 김현준 　　　　　　　　　　160쪽　5,500원

제행무상·제법무아·열반적정의 삼법인과 중도의 의미, 중도속의 수행과 삶 등에 대해 일목요연하게 정리한 책.

인연법 / 김현준 　　　　　　　　　　　　224쪽　8,000원

인연법을 삶·괴로움·진리·마음씨·희망·행복·기도성취 등의 다양한 측면과 연결시켜 삶을 윤택하게 만들어주는 책.

영험 크고 성취 빠른 각종 사경집 (책 크기 4×6배판)

※ 정성껏 사경하면 큰 가피가 저절로 찾아들고, 업장참회는 물론이요 쉽게 소원을 성취할 수 있습니다.
각 책마다 사경의 방법을 자세하게 설명해 놓았습니다.

광명진언 사경 가로·세로쓰기 (1책으로 1080번 사경)
128쪽　5,000원
모든 불보살님의 총주總呪인 광명진언을 사경하면 그 가피력은 이루 다 말할 수 없을 정도입니다. 하루 108번씩 100일 동안 사경을 행하면 우리에게 크나큰 성취를 안겨주고 심중의 소원이 잘 이루어집니다.

금강경 한글사경 (1책 3번 사경)　　144쪽　5,500원
금강경 한문사경 (1책 3번 사경)　　144쪽　5,500원
금강경 한문한글사경 (1책 1번 사경)　100쪽　4,000원
요긴하고 으뜸된 경전인 금강경을 사경해 보십시오. 업장소멸과 함께 크나큰 깨달음과 좋은 일들이 저절로 다가옵니다.

반야심경 한글사경 (1책 50번 사경)　116쪽　4,500원
반야심경 한문사경 (1책 50번 사경)　116쪽　4,500원
반야심경을 사경하면 호법신장이 '나'를 지켜주고 공의 도리를 깨달아 평화롭고 안정된 삶이 함께합니다.

법화경 한글사경 (전5책)　　권당 4,500원　총 22,500원
법화경을 사경하면 부처님과 대우주법계의 한량없는 가피가 저절로 찾아들어 소원성취·영가천도는 물론이요 깨달음과 경제적인 풍요까지 안겨줍니다.

아미타경 한글사경 (1책 7번 사경)　　116쪽　4,500원
살아 생전에 아미타경을 사경하거나, 부모님을 비롯한 가까운 분이 돌아가셨을 때 이 경을 쓰면 극락왕생이 참으로 가까워집니다.

약사경 한글사경 (1책 3번 사경)　　112쪽　4,000원
약사경을 사경하면 약사여래의 가피가 저절로 찾아들어, 병환의 쾌차, 집안 평안, 업장소멸을 비롯한 갖가지 소원을 쉽게 성취할 수 있습니다.

관음경 한글사경 (1책 5번 사경)　　112쪽　4,500원
관음경을 사경하면 가피가 한량이 없고 늘 행복이 함께 합니다. 학업성취·건강 쾌유·자녀의 성공·경제 문제 등에도 영험이 매우 큽니다.

신묘장구대다라니 사경 (1책 50번 사경)   4,500원
대다라니를 사경하면 관세음보살님과 호법신장들이 '나'와 주위를 지켜주고 소원성취와 동시에, 행복하고 자비심 가득한 마음을 가질 수 있도록 해줍니다.

보현행원품 한글사경 (1책 3번 사경)   120쪽 4,500원
행원품을 사경하면 자리이타의 삶과 업장 참회, 신통·지혜·복덕·자비 등을 빨리 이룰 수 있고 세세생생 불법과 함께 하며 보살도를 성취할 수 있습니다.

아미타불 명호사경 (1책으로 5,400번 사경)   160쪽 6,000원
'나무아미타불'과 '아미타불'을 오회염불법에 따라 외우고 쓰는 특별한 명호사경집입니다. 집중력을 더하여, 심중 소원 성취에 큰 도움을 줍니다.

천수경 한글사경 (1책 7번 사경)   112쪽 4,500원
천수경을 사경하고 독송하면 천수관음의 가피가 저절로 찾아들어, 업장 및 고난의 소멸과 갖가지 소원을 쉽게 성취할 수 있습니다.

지장경 한글사경 (1책 1번 사경)   144쪽 5,500원
지장경을 사경하고 영가천도는 물론이요, 각종 장애가 저절로 사라지고 심중의 소원이 성취됩니다. 백일 또는 49일 동안의 사경기도를 감히 권해 봅니다.

화엄경약찬게 사경 (1책 12번 사경)   112쪽 4,500원
화엄경약찬게를 쓰면 화엄경 한 편을 읽는 것과 같은 공덕이 생긴다고 하였습니다. 약찬게를 써 보십시오. 수많은 가피가 함께 찾아듭니다.

보왕삼매론 사경 (1책으로 27번 사경)   120쪽 4,500원
삶의 문제들을 지혜롭게 해결하는 방법을 제시한 보왕삼매론을 사경하면 생활 속의 걸림돌이 디딤돌로 바뀌고 고난이 사라져 하루하루가 편안하고 행복해집니다.

관세음보살 명호사경 (1책으로 5천4백번 사경)   108쪽 4,500원
지장보살 명호사경 (1책으로 5천번 사경)   108쪽 4,500원
'관세음보살'이나 '지장보살'의 명호를 쓰면서 입으로 외우고 마음에 새기면, 관세음보살님과 지장보살님의 가피를 입어 몸과 마음이 큰 변화를 이루고, 마음 속의 원을 능히 성취할 수 있습니다.

여러 큰스님의 주옥같은 법문집

● 경봉스님 (김현준 엮음) ●

도와 함께하는 행복과 성공	신국판	160쪽	5,500원
참 생명을 찾는 경봉스님 가르침	신국판	192쪽	6,500원
바보가 되거라 (경봉스님일대기)	신국판	220쪽	7,500원

● 일타스님 ●

불자의 기본예절	신국판	160쪽	5,500원
오계이야기	신국판	160쪽	5,500원
선수행의 길잡이	신국판	224쪽	7,500원

● 우룡스님 ●

불교신행의 주춧돌 (최신간)	신국판	240쪽	8,000원
불자의 행복 찾기	신국판	192쪽	6,500원
신심으로 여는 행복	신국판	192쪽	6,500원
정성 성誠 이 부처입니다	신국판	240쪽	8,000원
불자의 살림살이	신국판	160쪽	5,500원
불교의 수행법과 나의 체험	신국판	160쪽	5,500원

● 보성스님 ●

이야기로 배우는 불교	신국판	160쪽	5,500원
내 갈 길을 가는 불자	신국판	224쪽	7,500원
마음밭을 가꾸는 불자	신국판	272쪽	9,000원

● 원산스님 ●

허공에 핀 꽃	신국판	200쪽	6,500원

● 기타 ●

사찰, 그 속에 깃든 의미 / 김현준	신국판	320쪽	10,000원
석가 우리들의 부처님 (일대기)	신국판	240쪽	7,000원
리틀 붓다, 행복을 찾아서 클라우스 미코슈 지음·김연수 옮김	컬러양장본	184쪽	12,000원